财经商贸实训系列规划教材

ERP 沙盘模拟经营实操与应用

田春来　主　编

郭俊辉　张宗伟　詹天鸣　副主编

电子工业出版社

Publishing House of Electronics Industry
北京·BEIJING

内 容 简 介

本书依托 ITMC 企业经营管理沙盘模拟系统平台，以仿真生产经营企业管理环境和运营操作流程为主线，融合了作者多年从事 ERP 沙盘模拟教学的经验编写而成。全书分为五个模块：基础篇、谋划篇、运营篇、沙盘解密篇和心得体会篇。本书可以帮助读者梳理整个企业管理知识体系，指导进行 ERP 沙盘模拟训练。经过企业沙盘模拟训练，可以提高学生对 ERP 原理的理解能力，使学生体验生产经营流程及企业运营管理规律，也能提高学生分析问题、解决问题的能力。

本书可作为高等职业院校电子商务专业、计算机信息管理专业、市场营销专业、物流管理专业及其他商贸类专业学习 ERP 的教材，也可作为企业管理人员学习 ERP 的参考用书。

未经许可，不得以任何方式复制或抄袭本书之部分或全部内容。
版权所有，侵权必究。

图书在版编目（CIP）数据

ERP 沙盘模拟经营实操与应用 / 田春来主编. —北京：电子工业出版社，2018.8
ISBN 978-7-121-34622-4

Ⅰ.①E… Ⅱ.①田… Ⅲ.①企业管理－计算机管理系统－高等学校－教材 Ⅳ.①F270.7

中国版本图书馆 CIP 数据核字（2018）第 142663 号

策划编辑：朱千支
责任编辑：张云怡
印　　刷：北京七彩京通数码快印有限公司
装　　订：北京七彩京通数码快印有限公司
出版发行：电子工业出版社
　　　　　北京市海淀区万寿路 173 信箱　邮编 100036
开　　本：787×1 092　1/16　印张：11.25　字数：288 千字
版　　次：2018 年 8 月第 1 版
印　　次：2022 年 7 月第 4 次印刷
定　　价：28.00 元

凡所购买电子工业出版社图书有缺损问题，请向购买书店调换。若书店售缺，请与本社发行部联系，联系及邮购电话：（010）88254888，88258888。
质量投诉请发邮件至 zlts@phei.com.cn，盗版侵权举报请发邮件至 dbqq@phei.com.cn。
本书咨询联系方式：（010）88254573，zgz@phei.com.cn。

前　言

ERP沙盘实践教学设计从"企业——课堂——企业",体现"实践——学习——实践"认知规律,整合了生产计划、采购计划、质量管理认证、库存管理、存货核算、营销管理、市场开拓、运输管理、设备管理、固定资产管理、应付及应收系统、财务成本核算、财务综合管理等内容,完整再现了生产制造企业在实施ERP过程中的具体实务。

目前,关于ERP沙盘模拟经营学习指导的书不胜枚举,但绝大多数比较适合教师或有一定基础的参赛学生使用,夹杂着很多专业术语或晦涩难懂的语句,对于那些基础为零或基础薄弱的学生来说比较难懂,学生很难在短时间内融会贯通。因此,本书在编写过程中从实际动手操作的角度出发,按照电子沙盘模拟系统的操作流程,一步一步引导学生掌握ERP的基本规则,使学生快速掌握ERP沙盘的操作要领。本书所配备的一系列记录表格全部经作者认真调整和不断完善,利于学生按照操作规程及时记录操作过程,也利于老师复盘后的讲解,帮助学生发现问题、解决问题。

模块1为基础篇。经过指导教师的讲解,帮助学生在短时间内了解ERP及ERP沙盘运行原理,认清接手经营的企业现状及将要完成的任务,掌握市场规则和企业运营的基本规则,清楚如何登录操作系统。

模块2为谋划篇。本篇是为受训者将要进行的6~8年的模拟经营而准备的,分为CEO、CSO、COO、CFO、CPO五个角色,着重强调各角色的任职要求和基本职责,对将要进行的企业经营操作提出明确的任务。电子沙盘中只操作CEO一个角色,同时承担其他角色的任务。

模块3为运营篇。指导教师先带领大家系统地进行初始年的运作。为了初学者的方便,掌握初始年的基本操作规则,将初始年任务划分为年度初三件事、本年度十件事及年度末六件事。

模块4为沙盘解密篇。本模块列出了前6年所有市场的订单,通过订单解密可以帮助学生解决为何拿到了许多订单,开足了生产线反而亏钱的烦恼,即给学生提供沙盘运营高分的秘籍。

模块5为心得体会篇。本模块筛选了部分实训成绩优秀学生的心得体会,老师都做了细致的盘面分析,便于选用本教材的学生快速地掌握基本的操作要领。

本书将实训指导书、实训报告书合二为一。附录A为实训过程中需要用到的实训记录表格,这些表格都是作者参考其他教材后进行不断完善和补充的成果,有利于学生记录每一次的操作瞬间,方便老师讲解和复盘。附录B为学生实训结束后上交的实训报告。附录C为企业经营沙盘模拟竞赛参考资料,扫描二维码即可了解相关内容。

本书提供配套的电子课件及ERP实训教学计划(内含操作课时及考核方法建议),可从华信教育资源网(www.hxedu.com.cn)免费下载。

本书是校企合作的成果。全书由丽水职业技术学院副教授田春来担任主编,北京市工程咨询公司高级经济师郭俊辉、厦门海关二级关务督查张宗伟、三峡大学经济管理学院硕士研究生詹天鸣担任副主编,参与本书编写的还有长春职业技术学院的王杨老师。田春来和张宗伟共同拟定了全书框架和体例要求。其中,田春来编写模块1、模块3、模块4、模块5及附录A的全部表格;郭俊辉和张宗伟共同编写了模块2;詹天鸣和王杨负责附录B实训报告的修改和完善。

本书主编自 2014 年起开始从事 ERP 企业经营模拟实训教学和指导学生参加浙江省营销技能竞赛，积累了比较丰富的教学经验。在编写过程中，郭俊辉从企业角度、张宗伟从职场实际工作角度、詹天鸣从本校实训教学角度提出了很多建设性意见。副主编张宗伟老师文字功底深厚，对本书模块 5 的部分文字做了修改和完善。三位副主编敬业、严谨的工作态度和付出使得本书在原稿的基础上更加完善。

为了更好地适应课程改革，结合指导学生参赛的需要，我们编写了此书。为开拓选用教材学生的视野，本书还配套了二维码，介绍相关技能竞赛信息，供学生扫描阅读。

为便于选用本教材的学生快速领悟 ERP 沙盘基础"打法"，本书在编写中选用了丽水职业技术学院实训成绩优秀的施凡凡、王涛、毛欣怡、凌雅伦、张琦楠、周云、刘橙浩及林贤鹏八位学生的心得体会。另外，本教材在编写过程中大量借鉴了网上资料和参考了部分优秀教材，在此一并向上述学生和作者表示衷心感谢。

由于作者水平有限，书中难免出现疏漏和不足之处，肯请使用本教材的师生和读者及时向作者提出宝贵意见（邮箱 29897815@qq.com），以便下次改版时能更加完善。

编　者

目　录

模块1　基础篇 …………………………………………………………………………… (1)
1.1　企业资源计划与ERP沙盘简介 ………………………………………………… (1)
1.2　沙盘四大职能中心 ………………………………………………………………… (3)
1.3　登录操作界面 ……………………………………………………………………… (5)
　　1.3.1　教师机客户端操作 ………………………………………………………… (5)
　　1.3.2　学生机客户端操作 ………………………………………………………… (7)
1.4　区域定位图 ………………………………………………………………………… (8)
1.5　基本任务描述 ……………………………………………………………………… (9)
1.6　企业目前资产运营状况 …………………………………………………………… (10)
1.7　企业运营规则 ……………………………………………………………………… (12)
　　1.7.1　市场划分与市场准入 ……………………………………………………… (12)
　　1.7.2　广告投入与订单选取 ……………………………………………………… (15)
　　1.7.3　购买或租赁厂房 …………………………………………………………… (16)
　　1.7.4　生产线 ……………………………………………………………………… (16)
　　1.7.5　产品生产 …………………………………………………………………… (19)
　　1.7.6　产品研发 …………………………………………………………………… (20)
　　1.7.7　市场开发 …………………………………………………………………… (21)
　　1.7.8　ISO管理体系认证 ………………………………………………………… (22)
　　1.7.9　贷款融资与资金贴现 ……………………………………………………… (22)
　　1.7.10　综合费用 …………………………………………………………………… (23)
　　1.7.11　所得税 ……………………………………………………………………… (24)

模块2　谋划篇 …………………………………………………………………………… (25)
2.1　角色名称：总裁（CEO） ………………………………………………………… (25)
　　2.1.1　任职要求及岗位职责 ……………………………………………………… (25)
　　2.1.2　沙盘模拟经营中所承担的任务 …………………………………………… (25)
　　2.1.3　现实职场中某公司CEO招聘要求描述 ………………………………… (26)
2.2　角色名称：营销总监（CSO） …………………………………………………… (26)
　　2.2.1　任职要求及岗位职责 ……………………………………………………… (26)
　　2.2.2　沙盘模拟经营中所承担的任务 …………………………………………… (27)
　　2.2.3　现实职场中某公司CSO招聘要求描述 ………………………………… (29)
2.3　角色名称：生产总监（COO） …………………………………………………… (30)
　　2.3.1　任职要求及岗位职责 ……………………………………………………… (30)
　　2.3.2　沙盘模拟经营中所承担的任务 …………………………………………… (30)
　　2.3.3　现实职场中某制药公司COO招聘要求描述 …………………………… (33)

    2.4　角色名称：财务总监（CFO） ·· (34)
        2.4.1　任职要求及岗位职责 ·· (34)
        2.4.2　沙盘模拟经营中所承担的任务 ··· (34)
        2.4.3　现实职场中某公司 CFO 招聘要求描述 ····································· (38)
    2.5　角色名称：采购总监（CPO） ·· (39)
        2.5.1　任职要求及岗位职责 ·· (39)
        2.5.2　沙盘模拟经营中所承担的任务 ··· (39)
        2.5.3　现实职场中某公司 CPO 招聘要求描述 ····································· (40)

模块 3　运营篇 ··· (42)
    3.1　初始年年度初运营的三件大事 ·· (42)
    3.2　初始年第一季度运营的十件大事 ·· (45)
    3.3　初始年第二季度运营的十件大事 ·· (51)
    3.4　初始年第三季度运营的十件大事 ·· (57)
    3.5　初始年第四季度运营的十件大事 ·· (63)
    3.6　初始年年度末运营的六件大事 ·· (69)
    3.7　运营情况及操作思路记录表 ··· (73)

模块 4　沙盘解密篇 ·· (82)
    4.1　第一年产品订单 ·· (82)
    4.2　第二年产品订单 ·· (83)
    4.3　第三年产品订单 ·· (85)
    4.4　第四年产品订单 ·· (89)
    4.5　第五年产品订单 ·· (95)
    4.6　第六年产品订单 ·· (102)

模块 5　心得体会篇 ·· (111)
    5.1　心得体会之一：逆境中生存的法宝是避开竞争 ·· (111)
    5.2　心得体会之二：多次破产之后领悟贷款技巧 ·· (112)
    5.3　心得体会之三：逆境中寻求生存 ·· (113)
    5.4　心得体会之四：不破产的秘诀——保证收入大于支出 ······························ (114)
    5.5　心得体会之五：手工线更新的必要性 ··· (115)
    5.6　心得体会之六：确定策略和方向，掌控每个经营环节 ······························ (116)
    5.7　心得体会之七：细节决定成败 ·· (118)
    5.8　心得体会之八：避开竞争可以达到"四两拨千斤"的效果 ························· (119)

附录 A　企业模拟经营记录表 ·· (123)
附录 B　ERP 沙盘模拟经营实训手册 ··· (150)
附录 C　企业经营沙盘模拟竞赛参考资料 ··· (173)
参考文献 ·· (174)

模块 1

基 础 篇

1.1 企业资源计划与 ERP 沙盘简介

1. 企业资源计划简述

企业资源计划（Enterprise Resource Planning，简称 ERP）是由美国 Gartner Group 公司于 1990 年提出的，是一个有效地组织、计划和实施企业的"人""财""物"管理的系统。企业的资源分为有形资源与无形资源。有形资源如人、财、物、产、供、销等资源，无形资源如企业的品牌、组织结构、知识、控制策略、检验方法等。企业资源计划就是对企业的有形资源和无形资源进行计划，以求在资源有限的情况下，做到利润最大、成本最低。

2. 企业沙盘模拟培训与 ERP 沙盘简介

企业沙盘模拟培训源自西方军事上的战争沙盘模拟推演。战争沙盘模拟推演通过红、蓝两军在战场上的对抗与较量，发现双方战略战术上存在的问题，提高指挥员的作战能力。英、美知名商学院和管理咨询机构很快意识到这种方法同样适合企业对中、高层经理的培养和锻炼，随即对军事沙盘模拟推演进行广泛的借鉴与研究，最终开发出了企业沙盘模拟培训这一新型的现代培训模式。

目前，沙盘模拟培训已风靡全球，成为世界 500 强企业中、高层管理人员经营与管理能力培训的首选课程。

随着计算机模拟软件教学模式的推广，我国高校也陆续从国外引进一些模拟软件，电子沙盘（ERP 电子沙盘）正是在这种环境下应运而生。

ERP 电子沙盘是针对代表先进的现代企业经营与管理技术（ERP）来设计的角色体验的实验平台。以用友软件公司开发的 ERP 电子沙盘为例，该沙盘企业模拟经营是以企业资源计划基础为背景，虚拟一家生产型企业与其他企业进行竞争经营，其盘面按照制造企业的职能部门划分不同的职能中心，包括营销与规划中心、生产中心、物流中心和财务中心。每个小组由五人组成，根据不同的职能分别充当总裁（CEO）、营销总监（CSO）、生产总监（COO）、财务总监（CFO）和采购总监（CPO）的角色。各职能中心涵盖了企业运营的所有关键环节：战略规划、资金筹集、市场营销、产品研发、生产组织、物资采购、设备投资与改造、财务核算与管理等。以几个部分为设计主线，把企业运营所处的内外环境抽象为一系列的规则，由受训者组成六个相互竞争的模拟企业，模拟 6~8 年的经营。通过受训者参与→沙盘载体→模拟经营

→对抗演练→讲师评析→学生感悟等一系列的实验环节,将理论与实践融为一体、集角色扮演与岗位体验于一身的设计思想,使受训者在分析市场、制定战略、营销策划、组织生产、财务管理等一系列活动中,参悟科学的管理规律,培养团队协作精神,全面提升管理能力,同时让受训者对企业资源的管理过程有一个实际的体验。ITMC 沙盘盘面如图 1-1 所示。

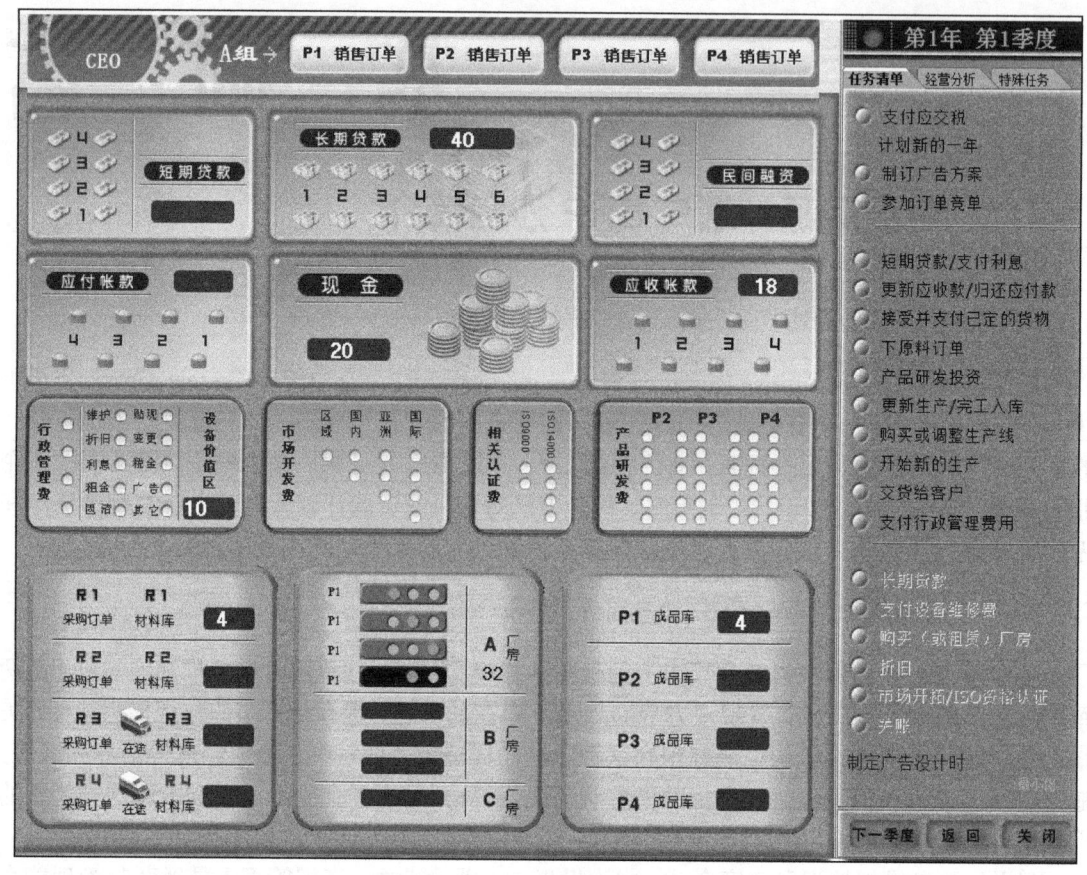

图 1-1　ITMC 沙盘盘面模拟示意图

(ITMC 沙盘模拟系统中,仍采用以前的习惯用法。例如,将应付账款称为"应付帐款"。为保证截图与应用软件的一致性,本书不做变更,特此说明。)

3. ERP 沙盘角色分工

总裁(CEO):负责公司整体运营;
营销总监(CSO):分管公司市场运营;
生产总监(COO):分管公司生产运营;
财务总监(CFO):分管公司财务运营;
采购总监(CPO):分管公司物料采购。
在电子沙盘模拟经营中,学生只需要操作 CEO 角色即可,但同时需要掌握其他角色的技能,方能在企业模拟经营中得到很好的锻炼。

1.2 沙盘四大职能中心

1. 营销总监负责营销与规划中心

营销与规划中心的职能如表 1-1 所示，该中心的运营由营销总监（CSO）负责。如果市场开发不好，企业将难以得到较高的市场占有率。因此，营销与规划中心非常重要。

表 1-1 营销与规划中心的职能

职能中心	企业运营的关键环节	主要任务	简要说明	备注
营销与规划中心	战略规划 市场营销	做好市场开拓规划	确定企业需要开发哪些市场，可供选择的有区域市场、国内市场、亚洲市场和国际市场	市场开拓完成后方可接对应的订单
		做好产品研发规划	确定企业需要研发哪些产品，可供选择的有P2 产品、P3 产品和 P4 产品	产品研发所有格子灯都亮后可生产对应的产品，研发可中断
		做好 ISO 认证规划	确定企业需要争取获得哪些国际认证，包括ISO9000 质量认证和 ISO14000 环境认证	ISO 认证完成后才可接附加条件的订单

2. 生产总监负责生产运营中心

生产运营中心职能如表 1-2 所示，该中心的运营由生产总监（COO）负责。生产产品是储备企业的弹药，如果生产运营没有控制好，企业将很难得到迅速发展。如果产能过剩，反而会大量消耗企业资金，很可能加速企业破产。因此，生产运营中心也非常重要。

表 1-2 生产运营中心的职能

职能中心	企业运营的关键环节	主要任务	简要说明	备注
生产中心	生产组织	建立三种厂房	沙盘盘面上设计了 A 厂房、B 厂房和 C 厂房。A 厂房内可以建 4 条生产线，B 厂房内可以建 3 条生产线，C 厂房内仅可以建 1 条生产线	除 A 厂房外，B 厂房和 C 厂房可租可买，可以根据资金的宽裕程度灵活掌握
		购买或调整四种生产线	有手工生产线、半自动生产线、全自动生产线和柔性生产线，不同生产线的生产效率及灵活性不同	生产线投资完成后方可生产，注意各条生产线的优、劣势分析
		开发新产品	四种产品：P1 产品、P2 产品、P3 产品和 P4 产品，其中 P1 产品已经研发完成	表示企业正在进行生产的产品

3. 财务总监负责财务中心

财务中心的职能如表 1-3 所示，该中心由财务总监（CFO）负责。财务中心是企业资金保障的核心阵地，一方面要尽量节省不必要的财务开支，另一方面又要保证企业正常运营。有道是"巧妇难为无米之炊"，有的时候资金没算好，可能因为 1M 就破产。因此，财务中心也是非常重要的。

表 1-3 财务中心的职能

职能中心	企业运营的关键环节	主要任务	简要说明	备注
财务中心	会计核算 财务管理	看好现金库	用来存放现金，现金用金币表示，每个价值 1M	
		算好长期、短期贷款	贷款种类不同，年限、期限也不同	贷款周期：长期贷款按年计算，最长 6 年；短期贷款按季度计算，固定 4 个季度
		统计好应收、应付账款	按期限不同，用金币表示	应收账款和应付账款都是分账期的，到期兑现
		核算好综合管理区域费用	将发生的各项费用置于相应区域	折旧不从现金里提取

4. 采购总监负责物流中心

物流中心的职能如表 1-4 所示，该中心由采购总监（CPO）负责。物流中心是企业产品原材料控制的核心基地，任何产品生产前必需储备好必要的原材料，既不要多采集造成资金压力和浪费，又不能少采集造成停工待料、无法交货。因此，该中心也非常重要。

表 1-4 物流中心的职能

职能中心	企业运营的关键环节	主要任务	简要说明	备注
物流中心	采购管理 库存管理	计算好采购提前期	R1 原料和 R2 原料的采购提前期为一个季度，R3 原料和 R4 原料的采购提前期为两个季度	计算好采购量，防止停工待料，影响交货
		统计好四个原材料库	分别标记用于 R1 原料、R2 原料、R3 原料和 R4 原料，每个单位价值 1M	
		精准计算好原料订单	代表与供应商签订的订货合同，单击界面可以看到订单数量大小	巧妙运用订单的账期，可以实现"借鸡生蛋"
		统计好四个成品库	分别用来标记 P1 产品、P2 产品、P3 产品和 P4 产品	保证有足够的产成品按时交货，防止出现违约现象的发生

1.3 登录操作界面

1.3.1 教师机客户端操作

1. 数据库删除与创建

◆操作要领：首先，打开教师机，在计算机桌面左下角单击"开始"按钮，执行"所有程序"→"ITMC 企业模拟经营系统"→"数据库连接配置工具"命令，打开"数据库配置工具"窗口，如图 1-2 所示。执行"数据库删除"→"数据库创建"→"初始化第零年数据"命令，操作成功后单击"OK"按钮，做好数据库连接配置的前期工作。

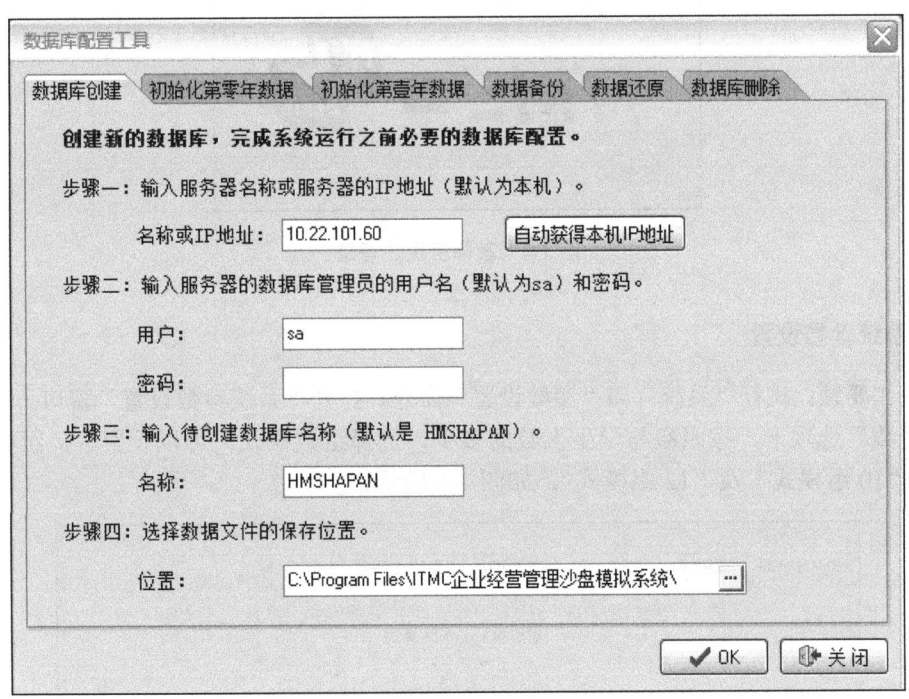

图 1-2 "数据库配置工具"窗口

温馨提示：执行每步操作前，最好单击"自动获得本机 IP 地址"按钮，以防系统 IP 异常跳动。

2. 数据库连接配置

◆操作要领：先观察"服务器 IP 地址"和图 1-2 中的"名称或 IP 地址"是否一致，一致后单击"测试连接"按钮，再执行"保存设置"→"退出"命令，如图 1-3 所示。

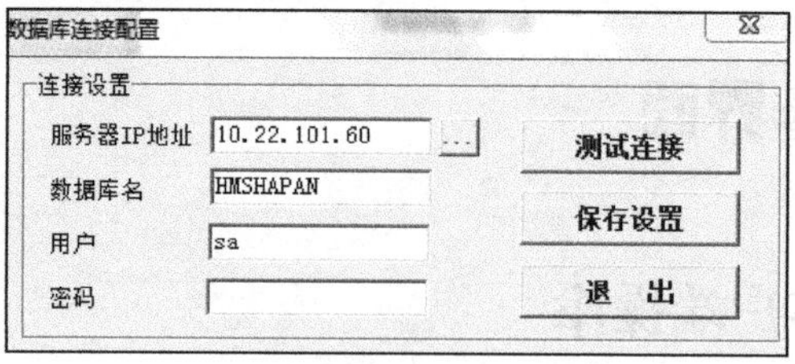

图 1-3 数据库连接配置

3. 教师机用户登录

◆操作要领：打开计算机桌面的教师机系统，如图 1-4 所示。

图 1-4 教师机用户登录

4. 系统参数设置

◆操作要领：执行"系统"→"参数设置"命令，打开"系统参数设置"窗口。单击"设置参与组数"选项卡，按照参与学生人数的多少，选择组数模式。可以设置"6 组模式""8 组模式""10 组模式"及"12 组模式"，如图 1-5 所示。

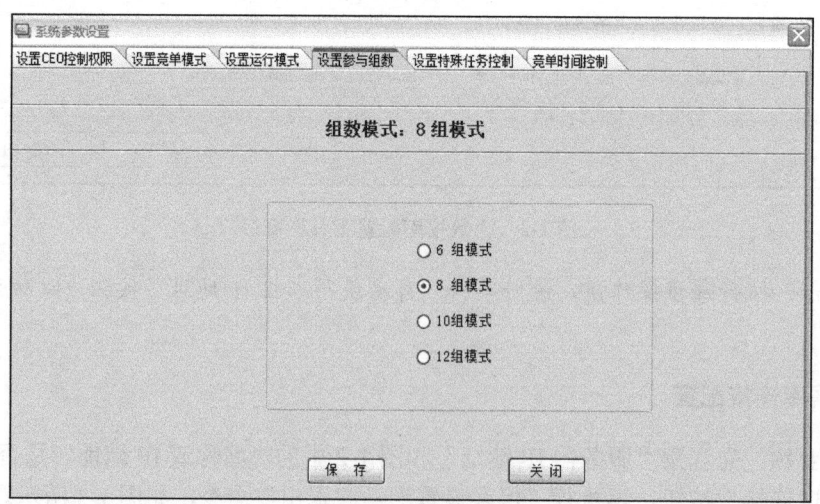

图 1-5 教师机"设置参与组数"

1.3.2 学生机客户端操作

1. 数据库连接配置

◆操作要领：在学生操作的计算机桌面左下角单击"开始"按钮，执行"所有程序"→"ITMC 企业模拟经营系统"→"数据库连接配置工具"命令，打开"数据库连接配置"窗口，如图 1-6 所示。输入教师给定的"服务器 IP 地址"，执行"测试连接"→"保存设置"→"退出"命令。学生机的数据库连接配置成功。

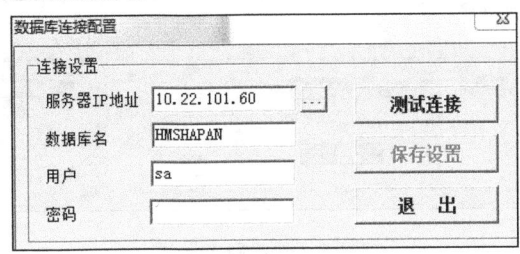

图 1-6　学生机数据库连接配置

2. 学生机账号登录

◆操作要领：打开学生机系统登录窗口，如图 1-7 所示。按照座位顺序依次登录账号 A、B、C……进入对应的组。如账号 A，密码为 AAA；账号 B，密码为 BBB，依次类推。

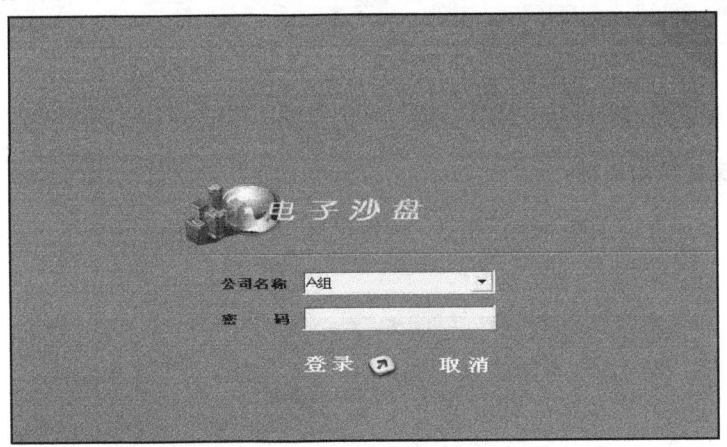

图 1-7　学生机系统登录窗口

备注：在教师机未设置好之前，任何学生都不能打开学生机客户端，否则数据库无法初始化，影响大家实训的顺利进行。

温馨提示：学生在进行企业模拟经营时，特别要注意诚信和亲力亲为。诚信是企业的生命，是企业生存之本。在企业经营模拟过程中，不要怕犯错误，学习的目的就是为了发现问题，努力寻求解决问题的手段。在学习过程中，谁犯的错误越多，谁的收获可能就会越大。

1.4 区域定位图

1. 沙盘财务区域

沙盘财务区域如图 1-8 所示（精打细算区域——也许只差 1M 就会让你破产）。

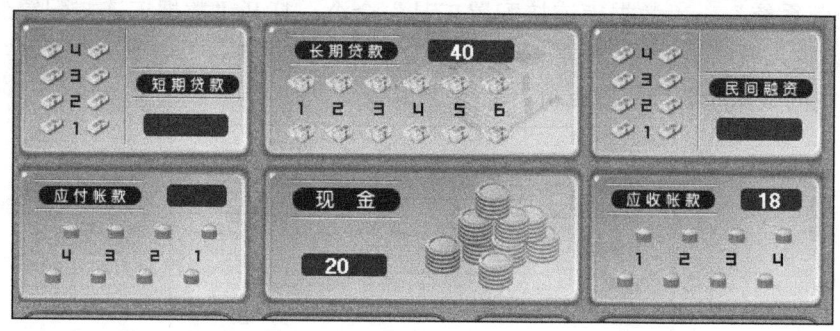

图 1-8　沙盘财务区域

2. 沙盘市场订单区域

沙盘市场订单区域如图 1-9 所示（赚钱区域——要想多赚钱，就要多拿订单）。

图 1-9　沙盘市场订单区域

3. 沙盘研发、认证区域

沙盘研发、认证区域如图 1-10 所示（烧钱区域——如果不研发产品、不开发市场，你就可能被远远地甩在后面）。

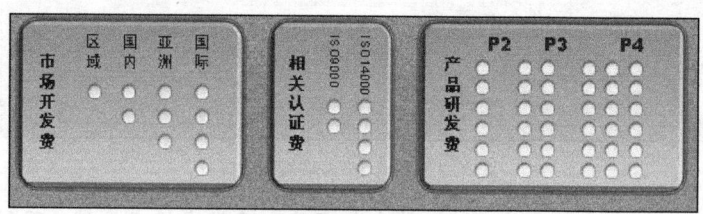

图 1-10　沙盘研发、认证区域

4. 沙盘生产运营区域

沙盘生产运营区域如图 1-11 所示（运筹帷幄区域——厂房究竟是买或租是一个需要认真

考虑的问题)。

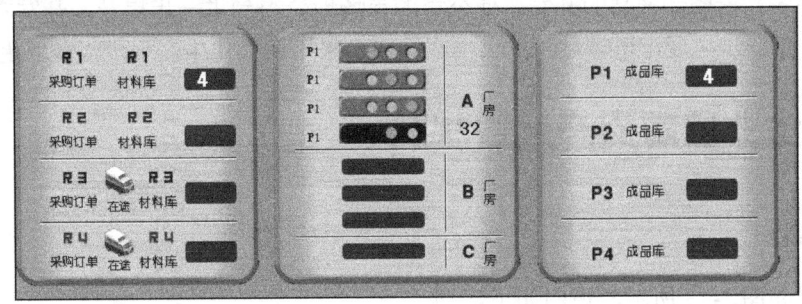

图 1-11 沙盘生产运营区域

5. 沙盘综合管理区域

沙盘综合管理区域如图 1-12 所示(企业效率考核区——要想"跑得快",能效比自然要低)。

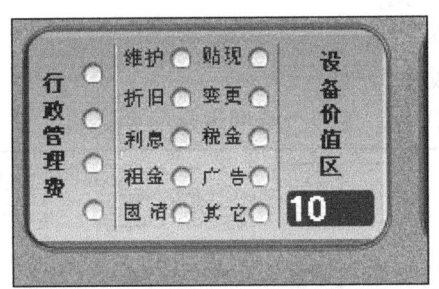

图 1-12 沙盘综合管理区域

1.5 基本任务描述

对企业经营者来说,接手一个企业时,需要对企业有一个基本的了解,包括股东期望、企业目前的财务状况、市场占有率、产品、生产设施、盈利能力等。基本情况描述以企业初始年的两张财务报表(资产负债表和损益表)为基本索引,逐项描述企业目前的财务状况和经营成果,并对其他方面进行补充说明。

(1)公司发展与股东期望。本企业长期以来专注于中央空调(P)产品的生产与经营,目前生产的 P1 产品在本地市场知名度较高,客户非常满意。同时,企业拥有自己的厂房,生产设施齐全,设备状态良好。

(2)目前产品研发状况。P1 产品(冷媒式空调),制冷介质是冷媒(即氟利昂),适用范围为一般家用及小型商用,缺点是室外机影响美观,效率低,影响室内天花板造型。

(3)董事会意愿。最近,一家权威机构对该行业的发展前景进行了预测,认为 P 产品将会从目前的相对低水平发展为一个高技术产品,即 P1 产品经过初级研发发展到 P2 产品,P2 产品经过中级研发发展到 P3 产品,P3 产品经过高级研发发展到 P4 产品。研发要投入经费,当然 P4 产品的价格也要远远超出 P1 产品的价格。

为此，公司董事会及全体股东决定将企业交给一批优秀的新人去发展，他们希望新的管理层完成以下任务：投资新产品的开发，使公司的市场地位得到进一步提升；开发本地市场以外的其他市场，进一步拓展市场领域；扩大生产规模，采用现代化生产手段，获取更多的利润。

1.6 企业目前资产运营状况

1. 沙盘筹码

沙盘筹码如图1-13所示，说明如下。
（1）原料：R1、R2、R3、R4四种。
（2）资金：电子沙盘为金色，每个代表1M；每个产品加工费都为1M。
（3）产品/在制品：P1、P2、P3、P4四种。产品成本计算方法如下：
P1=R1+1M，成本为2M；
P2=R1+R2+1M，成本为3M；
P3=2R2+R3+1M，成本为4M；
P4=R2+R3+2R4+1M，成本为5M。
（4）原料订单：用空桶代替，每一个空桶表示一个订单。

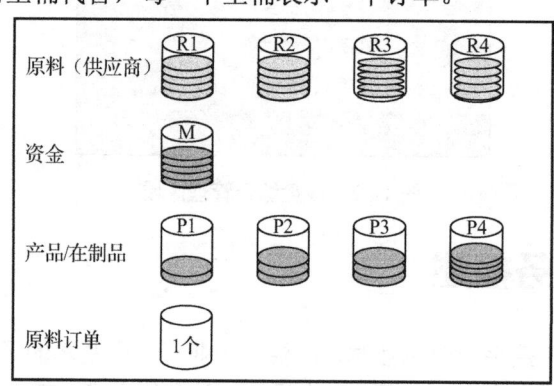

图1-13 沙盘筹码图

2. 营销与规划中心

营销与规划中心的任务是：决定是否研发新产品，各产品研发如何进行时间的安排。
（1）待开发P2产品：空气—水式空调。
该产品的制冷介质是水或者空气。一般而言，大房间用全空气系统空调，小房间用全水系统空调。该产品的特点是灵活性高，是目前用得最多的中央空调系统，如常见的冷水机组加风机盘管系统。
（2）待开发P3产品：全水系统式空调。
各空调房间内均设置空气处理设备，将中央制冷机组制出的低温冷冻水（或采暖热水）送至各个房间。该产品一般用于房间较多并且使用时间不尽相同的场合，如酒店客房、KTV、小会议室、饭店包间等。由于空气处理设备较多，增加了维护及管理的难度。另外，水管在室内走管也增加漏水和凝结水的隐患。

（3）待开发 P4 产品：全空气系统式空调。

中央空调系统由集中空气处理设备对空气进行处理（制冷或制热），处理后的空气送至房间。空气处理设备集中设置，便于维护管理。该产品适用于需要空调的大空间区域，如餐厅、宴会厅、商场等。

3. 生产中心

通俗地说，生产中心的任务就是解决建立哪些生产线，要把这些生产线安装在哪个厂房的问题。

初始期本公司拥有三条手工线，一条半自动线，已经购买了 A 厂房，价值是 32M，如图 1-14 所示。你要考虑 B 厂房和 C 厂房如何使用的问题，出发点有两个：一是要提高生产效率，生产越多，你交货的订单就越多，从而企业就有更强的竞争力；二是要注意资金的安全性，生产投入过大，拿到的订单不多，你有可能很快破产。

4. 物流中心

物流中心现有订单及库存情况如图 1-15 所示。这里可以看到企业各种原材料的数量和订单情况。目前 R1 原材料有 4 个，其他无库存。

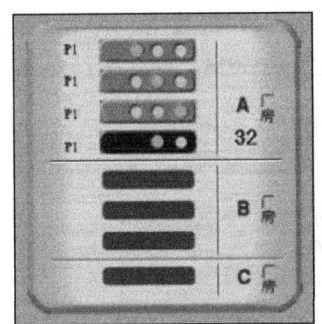

图 1-14　沙盘厂房区域

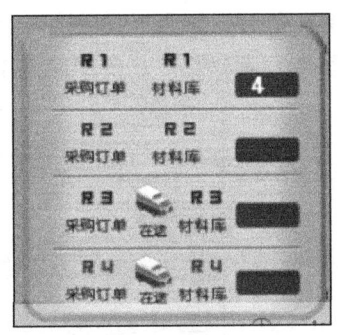

图 1-15　沙盘物流现有订单及库存情况

5. 财务中心

财务中心沙盘资产情况如图 1-16 所示。目前长期贷款为 40M，现金为 20 M，应收账款为 18 M。

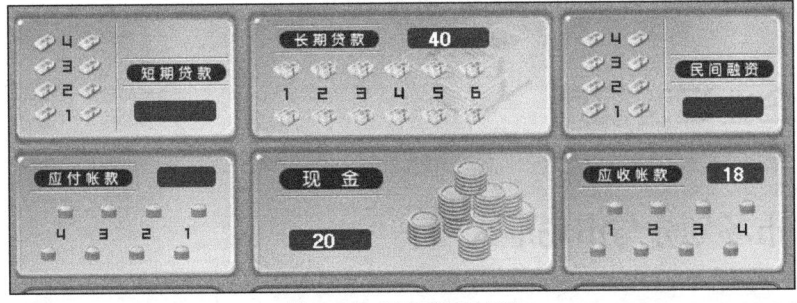

图 1-16　沙盘资产情况

6. 企业经营损益表

沙盘企业经营损益表如图 1-17 所示。目前企业略有盈余，意味着你接手后下一年要交税。

损 益 表			
项目	关系表达式	上年值	当年值
销售	+	36	0
直接成本	-	-14	0
毛利	=	22	0
综合费用	-	-9	0
折旧前利润	=	13	0
折旧	-	-5	0
支付利息前利润	=	8	0
财务收入/支出	-	-2	0
额外收入/支出	+/-	0	0
税前利润	=	6	0
所得税	-	-2	0
净利润	=	4	0

图 1-17　沙盘企业经营损益表

7. 企业资产负债表

企业资产负债表如图 1-18 所示。目前总负债是 42M，所有者权益是 58M。按照会计等式，资产=负债+所有者权益，总资产应为 100M，其中流动资产是 58M，固定资产是 42M。

资产负债表							
项目	关系表达式	上年值	当年值	项目	关系表达式	上年值	当年值
固定资产				负债			
土地和建筑	+	32	32	长期负债	+	40	40
机器和设备（含在建工程）	+	10	10	短期负债	+	0	0
总固定资产	=	42	42	应付款	+	0	0
流动资产				应交税	+	2	2
现金	+	20	20	总负债	=	42	42
应收款	+	18	18	权益			
在制品	+	8	8	股东资本	+	45	45
成品	+	8	8	利润留存	+	9	13
原料	+	4	4	年度净利	+	4	0
总流动资产	=	58	58	所有者权益	=	58	58
总资产	=	100	100	负债加权益	=	100	100

图 1-18　企业资产负债表

1.7　企业运营规则

1.7.1　市场划分与市场准入

市场按照区域大小可划分为本地市场、区域市场、国内市场、亚洲市场和国际市场。一般来说，每个市场都有相对应的用户需求，即订单产品。

企业目前已经开发了本地市场，新市场包括区域、国内、亚洲和国际四个市场。不同市场投入的费用及开发时间略有不同，如图 1-19 所示。只有市场投入全部完成后方可接单。所有已经进入的市场，每年最少需投入 1M 来维持占有，否则视为放弃了该市场。

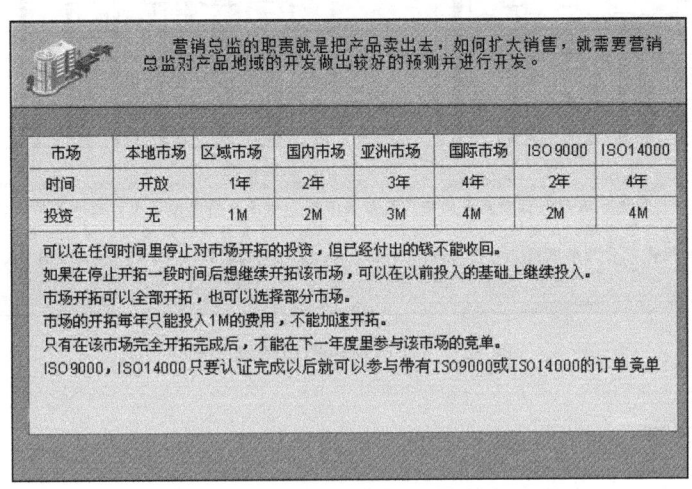

图 1-19　市场开拓投资时间及资金

1. 本地市场预测

6～8 年的本地市场订单需求的数量和提供的价格如图 1-20 所示。从图 1-20 可以看出，越到模拟经营后期，P1 产品的价格越低，这就说明了为什么要开发新产品的重要性。

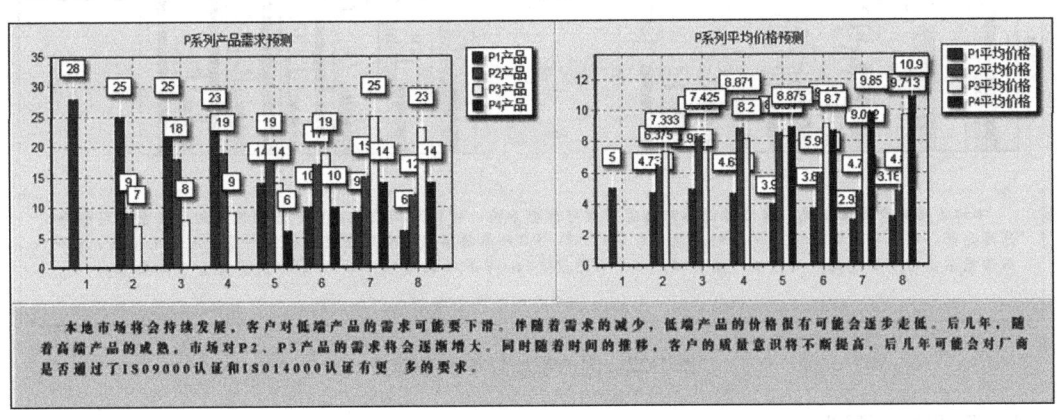

图 1-20　本地市场订单价格趋势

2. 区域市场预测

6～8 年的区域市场订单需求的数量和提供的价格如图 1-21 所示。从图 1-21 可以看出，越到模拟经营后期，区域产品价格总是略高于本地市场的产品价格，这就说明了为什么要开发新市场的重要性。

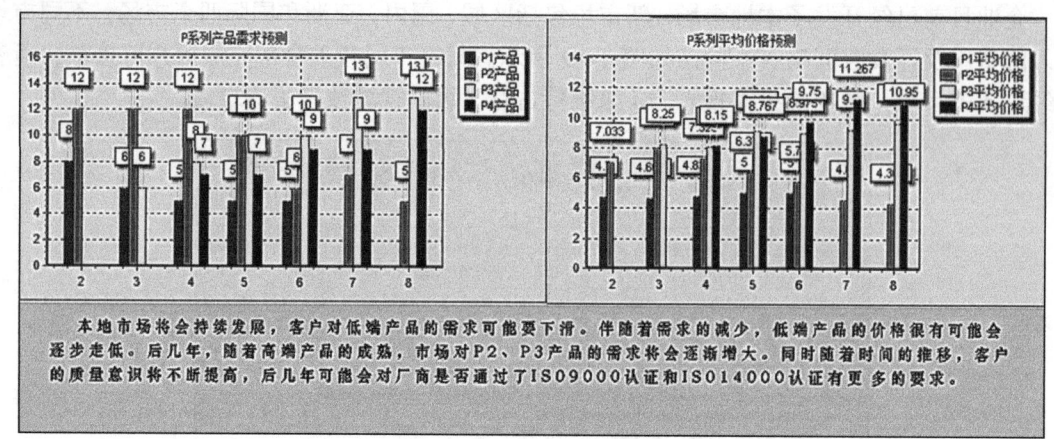

图1-21　区域市场订单价格趋势

3．国内市场预测

6～8年的国内市场订单需求的数量和提供的价格如图1-22所示。从图1-22可以看出，有一年国内的产品价格低于区域市场的产品价格，这就说明只有准确进行市场预测，才能精准投放广告。

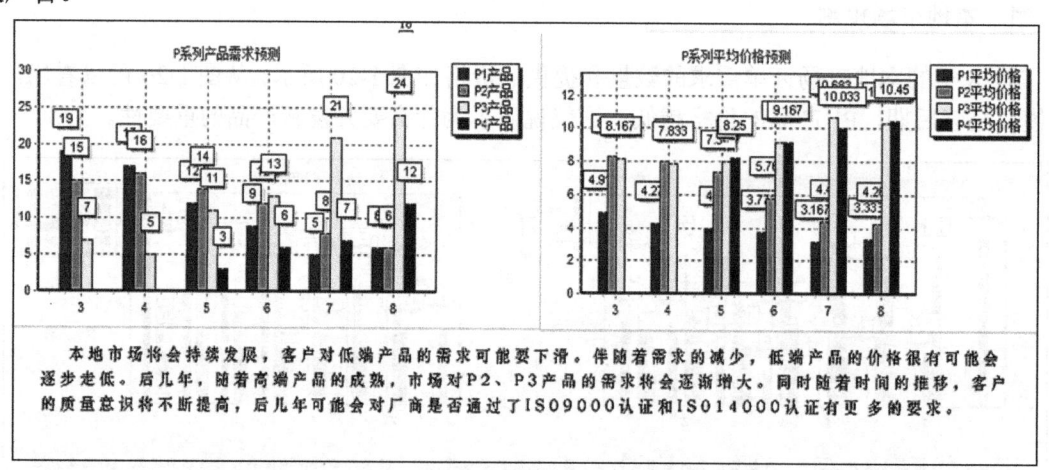

图1-22　国内市场订单价格趋势

4．亚洲市场预测

亚洲市场在第四年才开发成功，所需产品数量和提供的价格如图1-23所示。从图1-23可以看出，同一年的产品，亚洲市场的价格明显高于国内市场。

5．国际市场预测

国际市场订单需求的产品数量和提供的价格如图1-24所示。一般来说，运营到第八年，

P4产品在国际市场的价格都是非常高的。

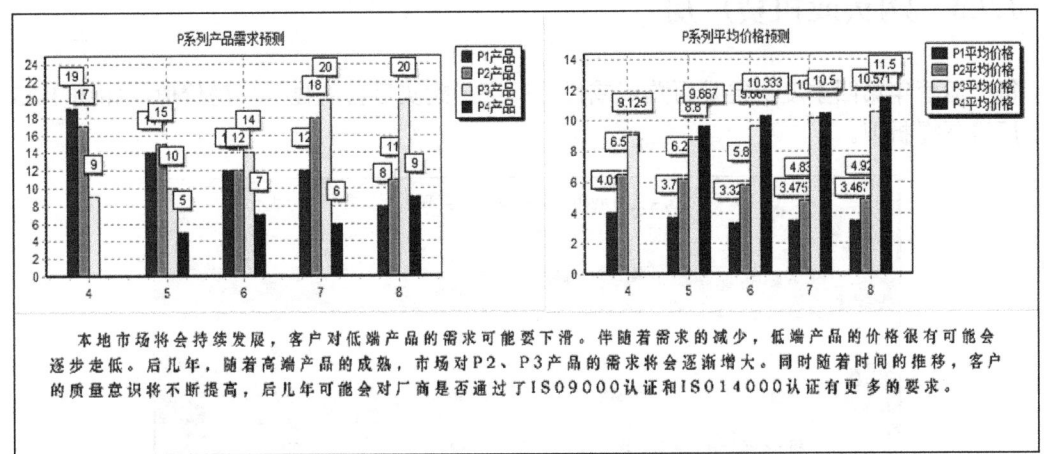

图 1-23 亚洲市场订单价格趋势

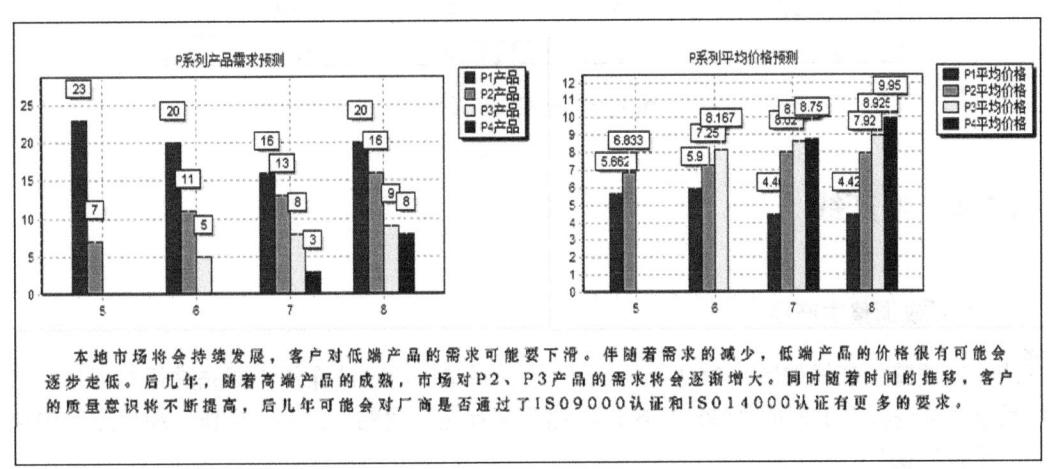

图 1-24 国际市场订单价格趋势

1.7.2 广告投入与订单选取

选单规则：根据市场地位、产品广告投入、市场广告投入和市场需求及竞争态势的排列顺序选择订单，说明如下。

首先，由上年在该市场的订单总价值（即该市场上所有的订单总金额大小）来决定市场领导者，并由其最先选择订单（他只需投入 1M 的广告费）。其次，按产品广告投入量的多少，依次选择订单。若在同一产品上有多家企业的广告投入量相同，则按该市场上企业全部产品的广告投入量来决定选单顺序。若市场的广告投入量也相同，则按上年订单销售额的排名来决定选单顺序。上年订单销售额也相同，则按投放广告时间的快慢来选择订单。

1.7.3 购买或租赁厂房

每个运营年第四季度决定是否购买或租赁厂房，购买后自动显示厂房价值，如图 1-25 所示。厂房不提折旧。

厂房	A厂房	B厂房	C厂房
价值	32M	24M	12M
租金/年	4M	3M	2M
售价	32M	24M	12M
生产线	4条	3条	1条

图 1-25　购买或租赁厂房

1.7.4 生产线

1. 购买或调整生产线

购买或调整生产线如图 1-26 所示。一般从右到左按逆时针操作，即先进行右下角的"变卖"操作，再进行右上角的"转产"操作，然后进行左上角的"购买"操作，最后进行中央区域的"更新"操作。

（1）变卖。变卖生产线时，如果生产线净值小于残值，将净值转换为现金；如果生产线净值大于残值，将相当于残值的部分转换为现金，差额部分作为费用处理（综合费用-其他）。具体规则如图 1-27 所示。例如，出售净值为 4M 的一条手工线，将其中 1M 的残值转换为现金，另外 3M 则要作为综合费用处理。

（2）转产。现有生产线转换生产新产品时，需要一定的转产周期并支付一定的转产费用，最后一笔支付到期后，下一个季度方可生产，具体规则如图 1-28 所示。例如，半自动线原来生产 P1 产品，现在转换生产 P2 产品，由于转产周期和转产成本分别为 1Q 和 1M，支付 1M 转产成本费用后，到下一季度才可生产 P2 产品。

（3）购买。购买新生产线时，按安装周期平均支付投资，如图 1-29 所示。全部投资到位后方可允许生产。

（4）更新。新购买或新转产的生产线会出现在更新区域，操作规则如图 1-30 所示。

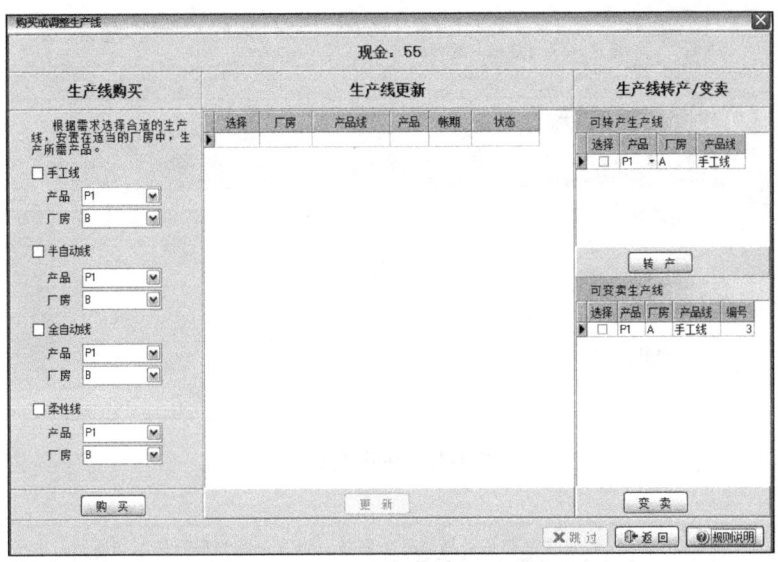

图 1-26　购买或调整生产线

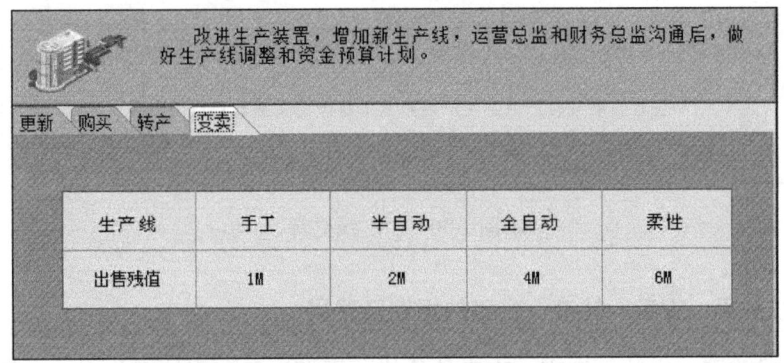

图 1-27　生产线变卖

图 1-28　生产线转产

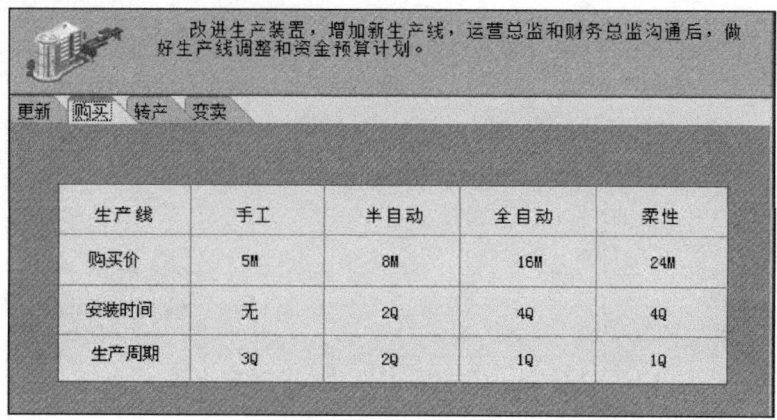

图 1-29　生产线购买

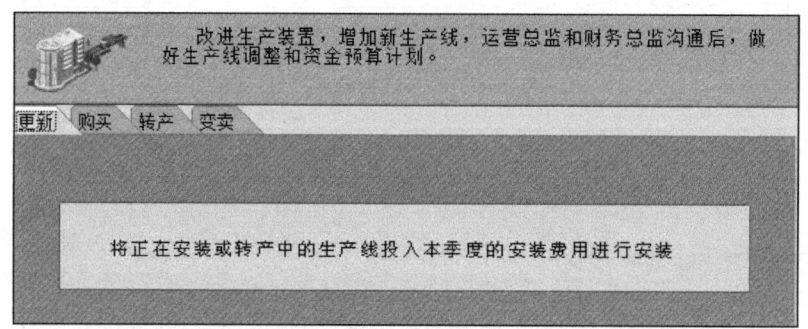

图 1-30　生产线更新

2．生产线购买、安装、转产、变卖的周期及费用

各条生产线购买、安装、转产、变卖的价格、周期以及费用情况如表 1-5 所示。

表 1-5　生产线购买、安装、转产、变卖一览表

生产线	总价格	安装周期	生产周期	转产周期	转产费用	维护费用	出售残值
手工	5M	无	3Q	无	无	1M/年	1M
半自动	8M	2Q	2Q	1Q	1M	1M/年	2M
全自动	16M	4Q	1Q	2Q	2M	1M/年	4M
柔性线	24M	4Q	1Q	无	无	1M/年	6M

3．生产线专有名词

（1）生产周期。各条生产线价格不一样，效率也不一样，生产周期也不相同，如图 1-31 所示。

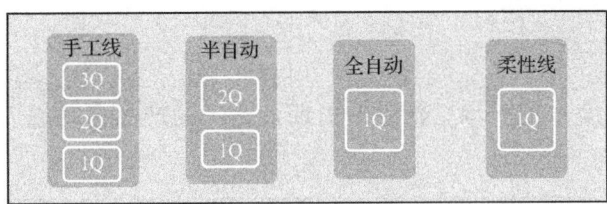

图 1-31　生产线生产周期

备注：空生产线才能上线生产；一条生产线同时只能生产一个产品；上线生产必须有原料，否则就要停工待料。

（2）维护费。当年在建的生产线和当年出售的生产线不用交维护费，其他的不管什么生产线，每年的维护费都是 1M，即使净残值为零的生产线也要交维护费。

（3）折旧。每年按生产线净值的 1/3 取整计算折旧。当年新建成的生产线不提折旧。当生产线净值小于 3M 时，每年提取 1M 折旧。如手工线净值为 1M，该年末要计提 1M 折旧，所以当手工线净值等于或小于净残值时候，最好出售。净值为零的生产线，不提折旧，但是维护费同样计提，每年 1M。

（4）购买。购买生产线的前提是厂房内有空的位置，按照规定的价格有选择地购买，全部金额付清后方可生产新产品。

（5）转产。根据市场和你的订单情况，有选择地将某条生产线进行转产，往往比你变卖生产线更划算。但是，除了手工线和柔性线外都有转产周期，还有一笔转产成本开支。柔性线价格最贵，这也是它没有转产周期和转产成本的购买理由。

1.7.5　产品生产

开始产品生产时，按产品结构要求将原材料放在生产线上并支付加工费，各条生产线生产任何产品的加工费都为 1M。不过，每条生产线只能同时生产一个产品。

1. 原料采购

根据上季度所下的采购订单，接收相应原料入库，并按规定付款或计入应付款。R1 原料、R2 原料订购需要一个季度到货；R3 原料、R4 原料订购需要两个季度到货，如图 1-32 所示。如果原料不足就只能停工待料。

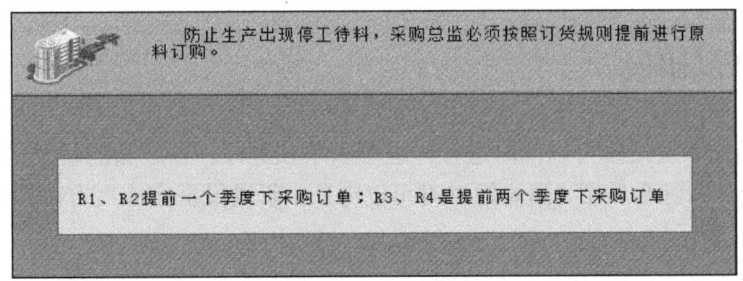

图 1-32　原料采购

2. 产品入库

按照生产线的进度一步一步更新生产周期，完工的产品自动进入成品库，如图 1-33 所示。

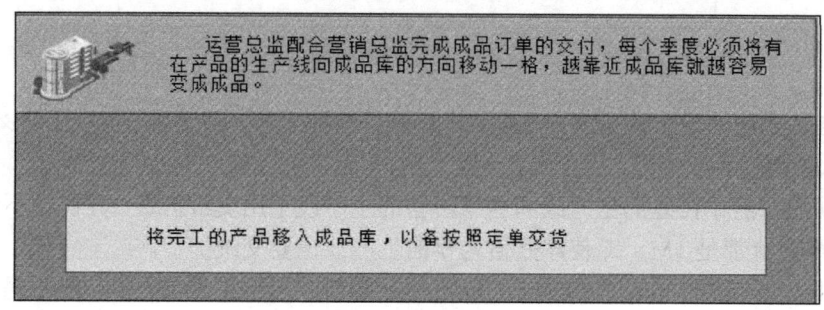

图 1-33　产品入库

3. 交货

如果库存产品数量大于或等于订单数量，就允许交货。加急订单第一季度必须交货，其他订单 1~4 季度都可以交货，如图 1-34 所示。未交货的订单将缴违约金，金额为订单金额的 25%（四舍五入）。

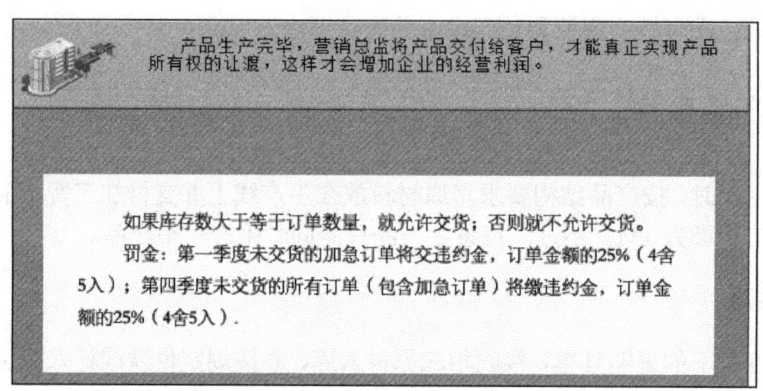

图 1-34　成品交货

1.7.6　产品研发

所有新产品的研发投资可以同时进行，也可以单独进行。各产品的研发投资说明如表 1-6 所示。研发投资计入综合费用，资金短缺时可以中断，研发投资完成后方可接单生产。产品研发说明如图 1-35 所示。

表 1-6　各产品研发投资一览表

产品	P2	P3	P4
研发时间	6Q	6Q	6Q
研发总投资	6M	12M	18M
每期研发投资	1M	2M	3M

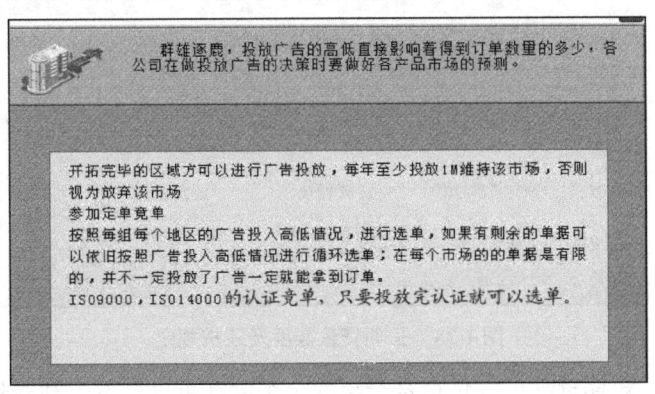

图 1-35　产品研发

1.7.7　市场开发

市场开发投资按年度支付投资金额，允许同时开发一个或多个市场。每个市场每年只能投资 1M，各市场开拓投资时间及金额如表 1-7 所示。系统不允许加速投资，但允许中断。市场开发完成后方可允许进入该市场投放广告和竞单。市场开发规则说明如图 1-36 所示。

表 1-7　各市场开拓投资一览表

市场	区域	国内	亚洲	国际
完成时间	1年	2年	3年	4年
年投资额	1M	1M	1M	1M
总投资	1M	2M	3M	4M

群雄逐鹿，投放广告的高低直接影响着得到订单数量的多少，各公司在做投放广告的决策时要做好各产品市场的预测。

开拓完毕的区域方可以进行广告投放，每年至少投放1M维持该市场，否则视为放弃该市场
参加定单竞单
按照每组每个地区的广告投入高低情况，进行选单，如果有剩余的单据可以依旧按照广告投入高低情况进行循环选单；在每个市场的单据是有限的，并不一定投放了广告一定就能拿到订单。
ISO9000，ISO14000的认证竞单，只要投放完认证就可以选单。

图 1-36　市场开发规则

1.7.8 ISO 管理体系认证

市场上的一些订单会对 ISO 管理体系认证提出要求。企业为了拿到这类订单，必须加强企业管理体系的认证。ISO 认证包括 ISO9000 质量管理体系标准和 ISO14000 环境管理体系标准，如图 1-37 所示。

ISO 管理体系认证所需时间和投资额如表 1-8 所示，两项认证投资可同时进行，也可单独进行。每投资一次就会有一行红点，待红点都填满后就不需要再进行投资了。认证投资金额计入当年综合费用。

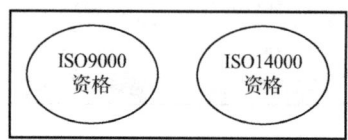

图 1-37　ISO 管理体系认证

表 1-8　ISO 管理体系认证投资时间和金额

管理体系	ISO9000	ISO14000
完成时间	2 年	4 年
年投资额	1M	1M
总投资	2M	4M

1.7.9　贷款融资与资金贴现

（1）长期贷款。长期贷款最大优点是到期偿还本金，每年支付利息，极大减少资金的还款压力，具体规定如图 1-38 所示。

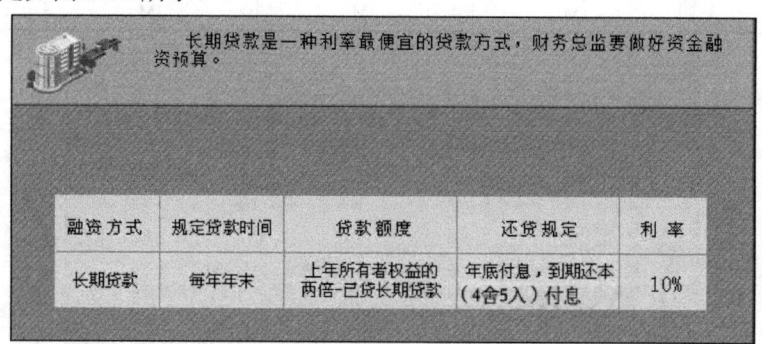

图 1-38　长期贷款额度及还贷规定

（2）短期贷款。短期贷款最大优点是一年四个季度都可以贷款，利率是 5%。但是，由于本金和利息满一年一次性偿还，往往会导致初学者经营破产。

（3）应收贴现。应收贴现利息仅次于民间融资，折损率达到 14.29%。应收账款贴现规定如图 1-39 所示，从图中说明可以看出，不到万不得已，尽量不要贴现。

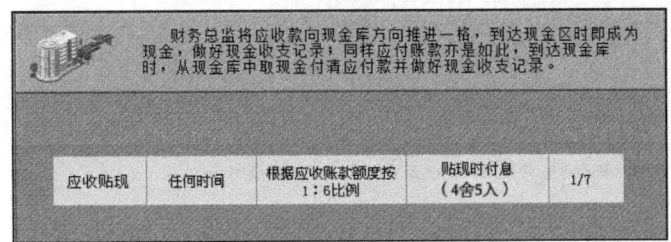

图 1-39　应收账款贴现规定

贷款融资具体规则如表 1-9 所示。

表 1-9　贷款融资额度表

贷款类型	贷款时间	贷款额度	利率	还款方式
长期贷款	每年第四季度	上年所有者权益的两倍-已贷长期贷款	10%	年底付息，到期还本金
短期贷款	每季度初	上年所有者权益的两倍-已贷长期贷款	5%	到期一次还本付息
民间融资	任何时间	不限制	20%	到期一次还本付息
应收贴现	任何时间	根据应收账款额度按 1：6 比例	1/7	贴现时付息

长期贷款最长期限为 6 年，短期贷款及民间融资期限为 1 年。贷款金额只能是 20M 的整数倍。

长期贷款每年需还利息，到期再还本金；短期贷款到期时一次性还本付息。

资金贴现在有应收款时随时可以进行，金额是 7M 的整数倍。不论应收款期限长短，每 7M 交 1M 的贴现费。如应收账款账期为 3Q，金额为 26M，那么贴现的时候需要支付 4M 的贴现费。

1.7.10　综合费用

行政管理费、市场开拓费、产品研发费、ISO 管理体系认证费、广告费、生产线转产费、设备维修费、厂房租金费等计入综合费用，综合费用包括的内容如图 1-40 所示。

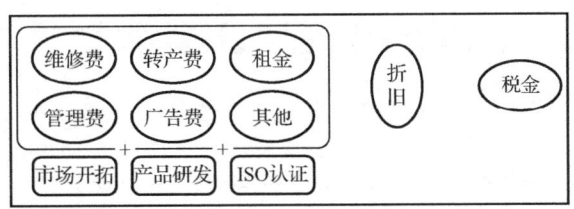

图 1-40　综合费用

1. 维修费

维修费提取为每年每条生产线 1M，如图 1-41 所示。

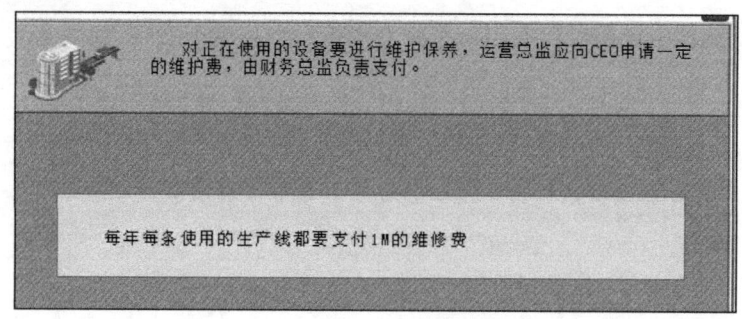

图 1-41 维修费

2. 折旧

设备折旧按余额递减法计算,每年按生产线净值的 1/3 取整(四舍五入)计算折旧。

当年建成的生产线不提折旧。任何生产线净值小于 3M 时,每年提 1M 折旧。生产线净值为零时,不再提折旧。生产线折旧说明如图 1-42 所示。

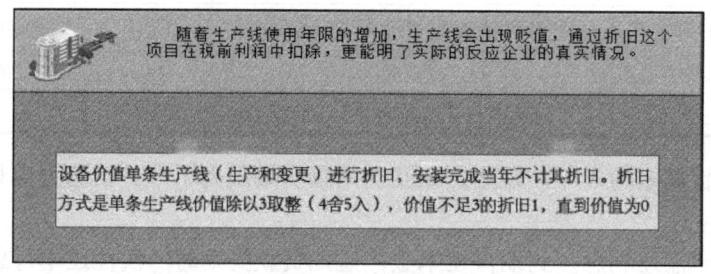

图 1-42 生产线折旧

1.7.11 所得税

每年所得税计入应付税金,在下一年年初缴纳。缴纳金额为净利润的 25%取整(四舍五入)。例如,净利润 13M,则所得税为 3M(13×25%=3.25)。当年亏损不需要缴纳所得税,具体规则如图 1-43 所示。

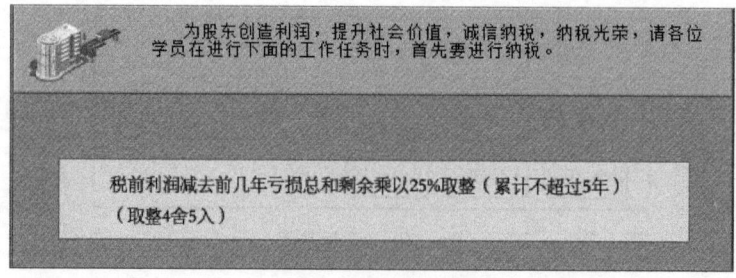

图 1-43 计提所得税

模块 2

谋 划 篇

2.1 角色名称：总裁（CEO）

2.1.1 任职要求及岗位职责

1. 任职要求

（1）思维谨慎；
（2）决策能力强；
（3）敢于拍板并承担责任；
（4）较强的执行力；
（5）较强的团队管理能力。

2. 岗位职责

（1）制定发展战略；
（2）分析竞争格局；
（3）确定经营指标；
（4）制定业务策略；
（5）管理全面预算；
（6）管理团队协作；
（7）分析企业绩效；
（8）管理业绩考评；
（9）管理授权与总结。

2.1.2 沙盘模拟经营中所承担的任务

在 ERP 沙盘模拟经营实训中，CEO 发挥着最大的职能，是一个企业终极大"BOSS"。如果所带领的团队在模拟对抗中意见相左，由 CEO 拍板决定。CEO 负责率领整个团队进行企业运营，提高产品盈利能力，实现股东利益最大化。

2.1.3 现实职场中某公司 CEO 招聘要求描述

1. 岗位职责

（1）制定和实施公司总体战略与年度经营计划，主持公司的日常经营管理工作，实现公司经营管理和发展目标；
（2）建立和健全公司的管理体系与组织结构，组织公司的基本团队建设，拟定公司内部管理机构设置，规范内部管理；
（3）建设高效、强执行力的运营团队，保持公司核心竞争力；
（4）负责处理社会公共关系，为公司树立良好的企业形象；
（5）处理公司重大突发事件；
（6）推进公司企业文化的建设工作，增强团队的凝聚力和战斗力。

2. 任职资格

（1）具备本科以上学历，企业管理或营销类相关专业毕业；
（2）对特色农业发展状况、互联网产业的发展趋势有一定的认识，熟悉行业流程、知识、政策等相关内容；
（3）具备出色的人际交往和社会活动能力，善于协调和沟通，责任心和抗压能力强；
（4）具备敏锐的市场触觉能力，能洞察市场对产品的实际需求；
（5）具有良好的敬业精神和职业道德操守，有较强的感召力和凝聚力。

2.2 角色名称：营销总监（CSO）

2.2.1 任职要求及岗位职责

1. 任职要求

（1）市场反应能力较强；
（2）思维缜密；
（3）产品意识能力强；
（4）具有较强的市场掌控能力。

2. 岗位职责

（1）市场调查分析；
（2）制定市场进入策略；
（3）制定品种发展策略；

（4）制定广告宣传策略；

（5）制订销售计划；

（6）争取订单与谈判；

（7）签订合同与过程控制；

（8）发货与应收款管理；

（9）销售绩效分析。

2.2.2 沙盘模拟经营中所承担的任务

1. 制定广告方案

营销总监负责根据市场预测情况进行各个产品和地区的广告投放。每个市场的订单都是有限的，并不是投放了广告就能拿到订单，但不投放广告肯定没有订单。你开发了几个产品市场，如果想要在该市场接单，就必须至少投入 1M 的广告费。营销总监还要负责登记广告费投入情况，如表2-1所示。

表2-1 广告费登记表

产品市场	P1	P2	P3	P4	合计	总计
本地						
区域						
国内						
亚洲						
国际						

2. 参加订单竞单

营销总监负责根据各个地区广告费投入的高低情况进行选单。谁投入的广告费高，谁就有优先选单权。本课程的订单是以订单卡片的形式来表现的。订单卡片由市场、产品名称、产品数量、单价、订单价值总额、账期、特殊要求等要素构成。

标注有"加急"字样的订单卡片，要求在每年的第一季度交货，延期交货将扣除该张订单总金额的 25%（四舍五入）作为违约金。普通订单卡片可以在当年内任一季度交货，如果由于产能不够或其他原因，导致本年不能交货，交货时也要扣除该张订单总金额的 25%（四舍五入）作为违约金。

订单卡片上的账期代表客户收货时货款的交付方式。若账期为"0"，表示现金付款，即交货后收到的钱可以直接放入现金区域中；若账期为"2"，代表客户两个季度后才能付款，即交货后将收到的款项放于应收账款的"2 期"区域内。

如果订单卡片上标注了"ISO9000"或"ISO14000"，那么要求生产单位必须取得了相应认证，并投放了认证的广告费，两个条件都具备才能得到这张订单。营销总监要负责登记订单信息，如表 2-2 所示。

表 2-2 订单登记表

订单号											合计
市场											
产品											
数量											
账期											
销售额											
成本											
毛利											
未售											

3．交货给客户

营销总监负责检查各成品库中的成品数量是否满足客户订单的要求，满足则按照客户订单的数量交货给客户。需要强调的是，加急订单必须在第一季度交货，否则将罚款订单金额的 25%；本年获得的订单不能在本年交货，也将进行罚款。如果有违约情况发生，营销总监需在表 2-2 中"未售"栏内打钩标注。

4．市场开拓

不同市场开拓周期如表 2-3 所示。

表 2-3 不同市场开拓周期一览表

市场	本地市场	区域市场	国内市场	亚洲市场	国际市场
开拓时间	0 年	1 年	2 年	3 年	4 年
年投入费用	无	1M/年	1M/年	1M/年	1M/年
（1）市场开拓在每年的年末进行，每年只能进行一次，每次投入 1M，不能加速开拓。					
（2）市场开拓不要求每年连续投入，在资金短缺的情况下可以停止对该市场的投资，但已经付出的投入不能收回。如果在停止开拓一段时间后想继续开拓该市场，可以在以前投入的基础上继续投入。					
（3）所有市场可以一次性全部开拓，也可以选择部分市场进行开拓。					
（4）只有在该市场开拓全部完成后，才能在下一年度里参与该市场的竞单。					

综合费用（市场准入、资格认证）统计表如表 2-4 所示，营销总监需在表中市场准入的"备注"行内注明市场开发情况。

5．ISO 体系认证表

ISO 体系认证情况如表 2-5 所示。市场营销总监需要在表 2-4 中的 ISO 资格认证"备注"栏内打钩标注。

表2-4 综合费用（市场准入、资格认证）统计表

项目	金额	备注			
市场准入		□区域	□国内	□亚洲	□国际
ISO资格认证		□ISO9000	□ISO14000		
合计					

表2-5 ISO体系认证一览表

ISO9000 质量体系认证		ISO14000 环境体系认证	
时间	2年	时间	3年
总投资	2 M	总投资	3 M

2.2.3 现实职场中某公司 CSO 招聘要求描述

1. 岗位职责

（1）销售目标达成：根据个人业绩指标制订销售计划；拜访客户并了解客户需求；结合公司特点设计合作方案；积极协调内外资源以实现销售，确保销售目标完成。

（2）市场开发：根据公司提供的渠道资源、经营目标、市场开发计划和具体实施方案，进行潜在客户资源的开发和客户需求的深挖；了解客户需求动态；及时反馈客户资源开发的进展情况，以便实现公司的经营目标。

（3）应收账款管理：与客户及公司财务人员保持良好沟通；掌握催收账款的技巧，协助应收账款顺利回收，加快公司资金的回笼，以提高公司资金周转率，降低公司经营风险。

（4）客户关系管理：进行例行客户拜访，及时了解客户要求；通过制定与实施合理的销售策略，与客户保持畅通的沟通渠道；及时协助处理客户异议和投诉，以满足业务长远发展的需要。

（5）提高客户满意度：通过与客户交流，及时搜集、反馈客户的投诉、意见和建议，敦促公司快速响应，提高客户满意度。

2. 任职资格

（1）具有本科及以上学历；

（2）有网站建设、自媒体定制开发行业客户资源的经验者优先；

（3）具有3～5年大客户/渠道销售经验；

（4）具有酒店、旅游行业软硬件信息服务系统的工作经验，或汽车、金融、银行等行业相关产品大客户顾问式销售/服务经验；

（5）具有较强的销售拓展能力，能够通过公司提供的资源或者自己的资源，在规定时间内快速完成业绩目标；

（6）具有优秀的学习能力、较强的责任心和承受能力；

（7）具有较好的管理能力或管理者潜质，具备销售团队管理意识，有被培养为整个销售团队负责人的潜质。

2.3 角色名称：生产总监（COO）

2.3.1 任职要求及岗位职责

1. 任职要求

（1）具有较强的开拓能力；
（2）具备一定的产品分析能力；
（3）思维着眼较长远；
（4）能够看到商机。

2. 岗位职责

（1）产品研发管理；
（2）体系认证管理；
（3）固定资产投资；
（4）编制生产计划；
（5）平衡生产能力；
（6）生产车间管理；
（7）产品质量管理；
（8）成品库存管理；
（9）产品外协管理。

2.3.2 沙盘模拟经营中所承担的任务

1. 产品研发投资

不同产品研发投资表如表 2-6 所示。

表 2-6　不同产品研发投资一览表

产品	P2	P3	P4
时间	1.5 年（6Q）	1.5 年（6Q）	1.5 年（6Q）
总投资	6M	12M	18M
每期投入	1M	2M	3M

产品的研发至少需要 6 个周期，需要注意以下几点。

（1）每个研发周期只能投入一定的费用，不能加速研发；

（2）只有在研发完成后才可进行该种产品的加工生产，研发没有完成时不能开工生产，但可以提前备料；

（3）可以同时研发所有的产品，也可以选择部分产品进行研发；

（4）可以在任何时间里停止对产品的投资，但已经付出的钱不能收回；

（5）如果在停止研发一段时间后想继续研发，可以在前期研发的基础上增加投入。

综合费用（产品研发）统计表如表 2-7 所示，生产总监需要在表中"备注"内填写研发投资的金额。

表 2-7 综合费用（产品研发）统计表

项目	金额	备注				
产品研发		类别/时间	1Q	2Q	3Q	4Q
		P2				
		P3				
		P4				
其他		变卖生产线残值大于净现值				
合计						

2．做好产成品库存记录工作

系统将每条正常运作的生产线上的产品向成品库方向移动。

产成品库存记录表如表 2-8 所示，营销总监要在表中填写产成品的库存情况。

表 2-8 产成品库存记录表

	P1	P2	P3	P4
1Q				
2Q				
3Q				
4Q				
合计				

3．购买/更新/转产生产线

不同生产线购买投资如表 2-9 所示。

表 2-9　不同生产线购买投资一览表

生产线	手工线	半自动	全自动	柔性
购买价	5M	8M	16M	24M
安装周期	无	2Q	4Q	4Q
生产周期	3Q	2Q	1Q	1Q
出售残值	1M	2M	4M	6M
转产周期	无	1Q	2Q	无
转产费用	无	1M	4M	无

购买或调整生产线记录表如表 2-10 所示，生产总监要在表中注明生产线变动情况。

表 2-10　购买或调整生产线记录表

变动类别	1Q	2Q	3Q	4Q
更新				
转产				
购买				
变卖				

4．开始新的生产

产品研发完成后，可以接单生产。生产不同的产品需要的原料不同，各种产品所用到的原料及数量如图 2-1 所示。

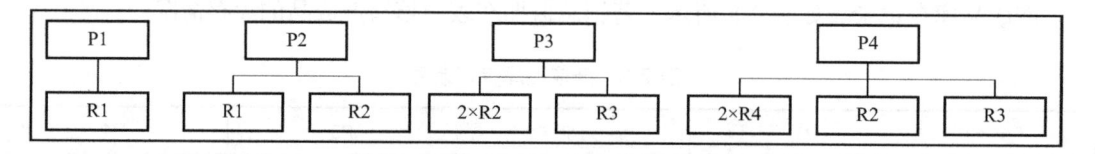

```
┌──────┐      ┌──────────────┐      ┌──────────────┐      ┌────────────────────┐
│  P1  │      │      P2      │      │      P3      │      │         P4         │
└──┬───┘      └──┬────────┬──┘      └──┬────────┬──┘      └────┬──────┬──────┬─┘
   │             │        │            │        │              │      │      │
┌──┴───┐      ┌──┴─┐   ┌──┴─┐     ┌────┴──┐  ┌──┴─┐      ┌─────┴──┐ ┌─┴─┐ ┌──┴─┐
│  R1  │      │ R1 │   │ R2 │     │ 2×R2  │  │ R3 │      │ 2×R4   │ │R2 │ │ R3 │
└──────┘      └────┘   └────┘     └───────┘  └────┘      └────────┘ └───┘ └────┘
```

图 2-1　不同产品所需原料和数量示意图

每条生产线同时只能有一个产品在线。产品上线时需要支付加工费，不同生产线的生产效率不同，但需要支付的加工费都是相同的。

5．支付设备维护费

每条生产线每年需支付 1M 的维修费。生产总监要在表 2-11 中注明维修费变动情况。

表 2-11　综合费用（维修费）统计表

项目	金额	备注
维修费		

2.3.3 现实职场中某制药公司 COO 招聘要求描述

1. 岗位职责

（1）政策文件方面。
① 根据公司发展战略与年度经营计划，组织制定并实施生产、设备等战略规划；
② 组织制定部门有关的管理制度（包括但不限于生产、现场、设备和安全）；
③ 审核产品的工艺规程、操作规程等文件并监督执行；
④ 会同营销中心制定库存管理制度，以控制合理的库存量和库存结构。
（2）生产工艺方面。
① 确保完成生产工艺验证；
② 确保药品按照批准的工艺规程生产、储存，以保证药品质量；
③ 努力挖掘生产潜力，不断提高产能，控制生产成本。
（3）产品质量方面。
① 监控影响产品质量的因素；
② 确保批量生产记录和批量包装记录经过指定人员审核，将记录送交质量管理部。
（4）环境方面。
① 监督生产区卫生状况；
② 确定和监控物料及产品的储存条件。
（5）设备安全方面。
① 确保关键设备质量及安全经过确认；
② 确保厂房设备的维护保养，以保持其良好的运行状态；
③ 不定期主持设备人员安全检查工作，督促整改不合格项；
④ 监督并参与关键生产设备的申购和现有设备的改造，以提高生产效率。
（6）验证。
按照 GMP 体系要求，确保完成各种必要的验证工作。
（7）计划管理。
① 监控现行库存基准，审核生产计划；
② 负责对生产计划执行过程重大问题的协调。
（8）其他方面。
① 批准并监督委托生产；
② 监督生产质量管理规范（GMP）体系执行状况；
③ 保存生产、仓储和设备记录；
④ 确保企业生产人员都已经过必要的岗前培训和继续培训，根据实际需要调整培训内容。

2. 任职资格

（1）学历、资历要求。

中药或药学相关专业毕业，本科及以上学历，执业中药师或中级职称，10年以上中型制药企业生产（质量/技术）管理经历（至少5年以上中药企业高层管理经验），精通GMP体系，具有沿海地区药企全面管理（总经理）经验和新厂筹建经历为佳。

（2）素质要求。

有较强组织指挥、协调能力，有较强独立处理问题的能力。能及时发现生产问题并能有效解决。有一定沟通表达能力及培训下属能力，有较强的管理团队经验。

体检合格，身体健康，抗压能力强。

2.4 角色名称：财务总监（CFO）

2.4.1 任职要求及岗位职责

1. 任职要求

（1）思维严谨，做事认真、负责；
（2）基础会计知识运用能力较强；
（3）具备一定的生产防范意识；
（4）善于控制生产成本；
（5）具备一定的融资和筹资能力。

2. 岗位职责

（1）日常财务记账和登账；
（2）税务部门报税；
（3）提供财务报表；
（4）日常现金管理；
（5）企业融资策略制定；
（6）成本费用控制；
（7）资金调度与风险管理；
（8）财务制度与风险管理；
（9）财务分析与协助决策。

2.4.2 沙盘模拟经营中所承担的任务

1. 支付应交税金

企业所得税是对企业在一定时期内的纯所得额（净收入）征收的税种。企业所得税的法定税率为 25%。在沙盘模拟中规定按税前利润除 3 取整来计算。企业运营流程登记表（税金及贷款）如表 2-12 所示，财务总监要在表中"支付应交税金"栏内登记金额。

表 2-12　企业运营流程登记表（税金及贷款）

企业运营流程						
注意：财务总监（助理）在空格内填写现金收支情况						
			1Q	2Q	3Q	4Q
年度初	1	支付应交税金				
本年度	1	短期贷款/支付利息				
	10	支付行政管理费				
年度末	1	长期贷款				
	3	购买（或租赁）厂房				
	4	折旧				(　)

2. 支付短期贷款和利息

（1）更新短期贷款。如果企业有短期贷款，则系统每一季自动向前移动一格。从借款之季度开始满一年（四个季度）就需要还本付息，即借 20M 还 21M，借 40M 还 42M，依此类推。财务总监要在表 2-12 的"短期贷款/支付利息"栏内做好现金收支记录。

（2）获得新贷款。短期贷款只有在每季度初才可以申请。申请的最高额度为：上一年所有者权益×2－已有短期贷款金额。例如，上一年所有者权益是 69M，两倍则是 138M，目前已经有短期贷款 40M，则你能贷款的最大额度是 98M（138-40=98）。按规定，贷款的金额必须是 20 的整数倍，因此你最多能短期贷款 80M。

（3）民间融资。企业随时可以申请民间融资，民间融资贷款额度不限。因利率太高，一般不提倡民间融资。"省赛""国赛"都不允许进行民间融资，具体融资规则如表 2-13 所示。

表 2-13　融资方式一览表

融资方式	规定贷款时间	贷款额度	还贷规定	利率
长期贷款	每年年末	上年所有者权益的两倍-已贷长期贷款	年底付息，到期还本	10%
短期贷款	每季度初	上年所有者权益的两倍-已贷短期贷款	到期一次性还本付息	5%
民间融资	任何时间	额度不限	到期一次性还本付息	20%
应收贴现	任何时间	根据应收账款额度按 1:6 比例	贴现时付息	1/7

无论长期贷款、短期贷款还是民间融资，贷款金额均以 20M 为基本贷款单位。长期贷款最长期限为 6 年，年底付息，到期还本；短期借款及民间融资期限为一年，不足一年的按一年计息，贷款到期后一次性还本付息。

3. 更新应收账款/归还应付账款

贴现是将应收账款变成现金的动作。应收账款贴现随时可以进行，财务总监要做好现金收支记录。应收账款贴现时不考虑账期因素。

4. 支付行政管理费

管理费用是企业运营过程中发生的管理人员工资、差旅费、招待费等。财务总监每个季度取出 1M 作为管理费用，并在表 2-12 的"支付行政管理费"中做好现金收支记录。综合费用（管理费）统计表如表 2-14 所示。

表 2-14 综合费用（管理费）统计表

项目	金额	备注
管理费		
合计		

5. 长期贷款

（1）更新长期贷款。如果企业有长期贷款，系统每年都会将长期贷款向前移动一格，即还款期减少了一年。

（2）支付利息。长期贷款的还款规则是每年付息，到期还本，年利率为 10%。系统每年都会收取长期贷款利息。请财务总监及时做好现金收支记录，在表 2-12 中"长期贷款"栏内做好现金收支记录。

（3）申请长期贷款。长期贷款只有在每年第四季度可以申请。

6. 购买（或租赁）厂房

沙盘盘面上设置了 A、B、C 三种厂房，用于模拟企业生产制造环境。A 厂房可容纳四条生产线，B 厂房可容纳三条生产线，C 厂房可容纳一条生产线。厂房交易和租赁的价格及规模说明如表 2-15 所示。其中 A 厂房是自有资产，B 厂房和 C 厂房需要购买或租赁。按照操作流程，需先在 B 厂房或 C 厂房购置生产线后才能购买或租赁（B 厂房、C 厂房可以同时使用，也可以先使用其中一个，完全取决于你的资金情况）。财务总监要在表 2-12 中"购买（或租赁）厂房"栏内填写对应金额。

表 2-15 不同厂房购买/租赁一览表

厂房	A 厂房	B 厂房	C 厂房
价值	32M	24M	12M
租金/年	4M	3M	2M

续表

厂房	A厂房	B厂房	C厂房
售价	32M	24M	12M
生产线	4条	3条	1条

7．折旧

厂房、在建工程及当年新建设备不提折旧，设备按余额递减法计提折旧。计算方法为：折旧等于设备价值除以 3 的结果取整。财务总监要在表 2-12 中"折旧"栏内括号内填写具体金额。

温馨提示：此处之所以用括号，表示这份支出并不是从现金中拿走，而是减少了设备的原值。

折旧特别说明如下。

（1）在本课程中默认厂房不提折旧。

（2）厂房可以随时使用，年底再决定是否购买所用的厂房。如果决定购买，则支付相应的现金；如果决定不购买，则必须支付租金（支付的租金不考虑厂房开始使用的时间，只要在年底时不购买厂房，则必须支付全年的租金）。

（3）厂房可随时按购买价格出售，得到的是与购买厂房价值相等的现金。

8．关账

关账就是结束本年度所有工作。关账后，教师机就可以分析一整年的操作成果，学生机也可以看到资产负债表和损益表。关账说明如图 2-2 所示。

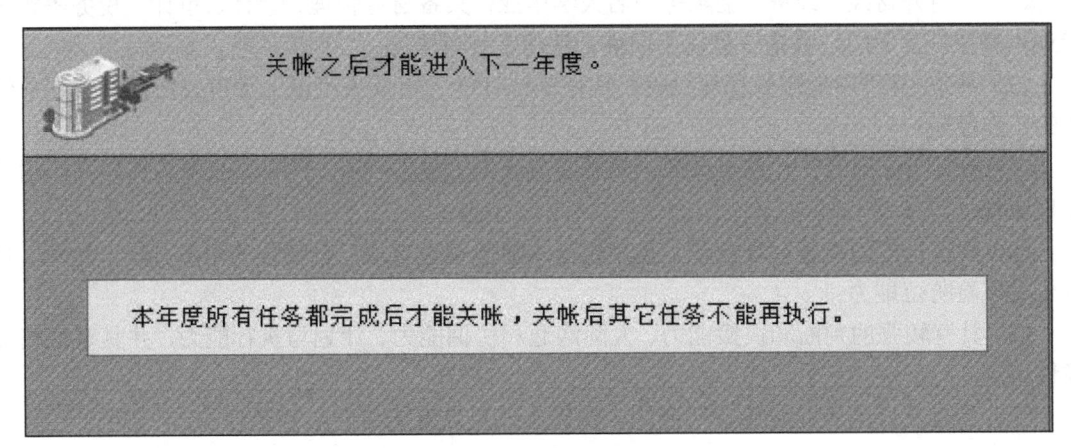

图 2-2 关账说明图

经过一年的经营，年终要做一次"盘点"，编制"损益表"和"资产负债表"。在报表做好之后，指导教师将会清除沙盘上企业已支出的各项费用，为下一年的模拟经营做好准备。

2.4.3 现实职场中某公司CFO招聘要求描述

1. 岗位职责

（1）全面负责集团财务的整体规划工作，负责集团公司及各事业部的财务管理、会计核算及资金总体调度等工作；

（2）参与集团重要事项的分析和决策，为集团经营管理、业务发展及项目投资等提供财务依据；

（3）负责建立健全、科学、系统、符合集团实际情况的财务核算体系和财务监控审计体系；

（4）负责主持对重大投资项目和经营活动的风险评估、指导、跟踪和财务风险控制工作；

（5）负责审核集团开发经营项目的经济效益，对项目开发的成本费用进行及时跟踪、分析和控制；

（6）负责加强对营运资金、存货、应收账款以及应付账款的管理，提高资金利用效率；

（7）负责与财政、税务、银行等相关部门保持有效良好的沟通，为集团财务工作创造良好的外部环境；

（8）负责集团财务人员的队伍建设、培养、业务考核以及业务培训等；

（9）负责与集团上市进程中券商、会计师事务所、律师事务所等合作机构的对接和配合。

2. 任职要求

（1）国内外财经、经济、金融等知名大学毕业，具备财务管理、会计、审计、税务等相关专业本科及以上学历，具备中级以上职称、注册会计师资格；

（2）具备10年以上财务管理经验，具有参与IPO上市或3年以上上市公司同岗位财务管理的工作经验；

（3）熟知国家财经法律法规政策，熟悉财务计划、成本分析、预算、成本核算等高级财务管理流程；

（4）具备良好的财务管理意识，熟知先进的财务管理方式，有较强的财务分析、预测、投融资及风险防范能力；

（5）具有较强的判断和决策能力、人际沟通和协调能力、计划与执行能力，并具有战略前瞻性思维；

（6）具有良好的职业道德、严谨的工作作风以及高度的事业心和责任心。

2.5 角色名称：采购总监（CPO）

2.5.1 任职要求及岗位职责

1. 任职要求

（1）动手能力较强；
（2）具备一定的产品生产、运营控制能力；
（3）具备根据订单及时调整采购计划的协调能力；
（4）具备较强的沟通能力。

2. 岗位职责

（1）编制采购计划；
（2）与供应商谈判；
（3）签订采购合同；
（4）监控采购过程；
（5）到货验收；
（6）仓储管理；
（7）采购支付抉择；
（8）与财务部协调；
（9）与生产部协同。

2.5.2 沙盘模拟经营中所承担的任务

1. 接收货物并支付相关费用

货物到达企业时，必须照单全收，按规定支付原料费或计入应付账款。采购原料与账期设置如表2-16所示。

表2-16 采购原料与账期一览表

原料采购（每个原料价格1M）		账期
每次每种原料采购	5个以下	现金
	6~10个	1Q
	11~15个	2Q
	16~20个	3Q
	20个以上	4Q

原料入库记录如表 2-17 所示，采购总监要在表中填写原料入库记录。

表 2-17　原料入库记录表

时间	R1	R2	R3	R4	合计
1Q					
2Q					
3Q					
4Q					

2. 原料采购

原料采购涉及两个环节：签订采购合同和按合同接收原料。签订采购合同时要注意采购的提前期。R1 原料、R2 原料需要一个季度的采购提前期，而 R3 原料、R4 原料则需要两个季度的采购提前期。

3. 登记原料采购台账

原料订单记录如表 2-18 所示，采购总监在表中填写原料订单记录。

表 2-18　原料订单记录表

时间	R1	R2	R3	R4	合计
1Q					
2Q					
3Q					
4Q					

2.5.3　现实职场中某公司 CPO 招聘要求描述

1. 岗位职责

（1）组织搭建集中采购、战略采购管理体系；
（2）组织编制、修订和完善招标采购相关制度；
（3）组织招标采购计划，依据项目总体控制的要求拟订招标采购工作方案和工作计划；
（4）组织编制招标文件的标准化文本，汇总招标文件的技术及经济部分内容，组织招标文件的内外部评审；
（5）负责招标采购项目入围单位的资格审查，组织非合格供应商实地考察、评估及采购项目实施；

（6）组织建立公司供应商数据库并定期更新数据库信息；

（7）建立公司供应商管理评价体系，制定供应商等级标准，负责优秀供应商的资格审查；

（8）定期组织对合作承包商、供应商的评价工作，负责公司合作供应商的履约评价及公司合格供应商名录的更新。

2. 任职资格

（1）具备大学本科及以上学历，采购、物流管理、工程管理等相关专业毕业；

（2）具有 5 年以上房地产或装饰工程行业招标采购管理的工作经验，具有集中采购、战略合作以及与知名供应商合作的成功经验；

（3）具有招标采购合同体系编制、成本管理的相关经验和能力；

（4）沟通能力强，能够妥善处理各类突发事件，具备大局观念，能够准确把握业务推进方向；

（5）具备较强的抗压能力，为人正直，具有较好的职业操守和较强的敬业精神。

模块 3

运 营 篇

3.1 初始年年度初运营的三件大事

模拟运营之前要查看沙盘操作台面，了解现有资金情况，摸清"家底"。沙盘资金区域如图 3-1 所示，从图中我们可以获取以下信息。

首先，现金 20M；

其次，长期贷款 40M（将鼠标指向"长期贷款"，可看到当前长期贷款明细：长期贷款 20M，账期 4 年；长期贷款 20M，账期 5 年）；

第三，应收账款 18M（将鼠标指向"应收账款"，可以看到当前应收账款明细：应收账款 9M，账期 4 个季度；应收账款 9M，账期 3 个季度）；

第四，短期贷款和民间融资为 0。

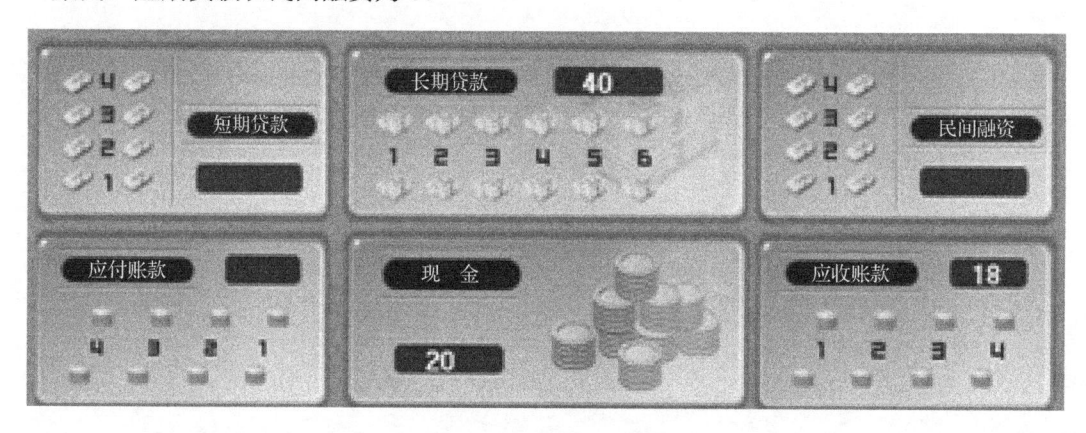

图 3-1 沙盘资金区域

备注：初始年实际上是学生掌握系统操作流程的年份，原则上不进行任何资金、生产线改扩建操作。本书为了让学生快速掌握电子沙盘操作流程，有针对性地进行了适当调整。

1. 支付应交税

支付应交税（2M），操作界面如图 3-2 所示。

◆操作要领：执行"纳税"→"返回"命令。操作完成后，你会发现现金由"20"变为"18"。

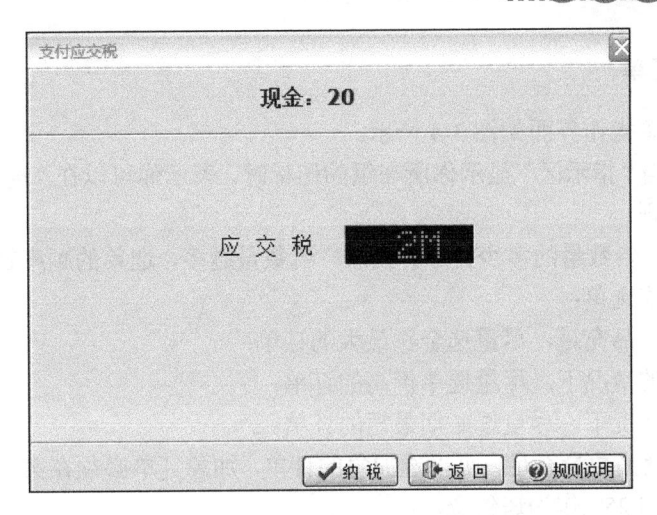

图 3-2 支付应交税

2. 制定广告方案

制定新一年的广告计划方案,如图 3-3 所示。

◆操作要领:在"本地市场"框里输入数字"1",执行"提交"→"返回"命令。操作完成后,你会发现现金由"18"变为"17"。待全部学生机广告投入操作完成后,教师机就可以开始订单竞单的操作。

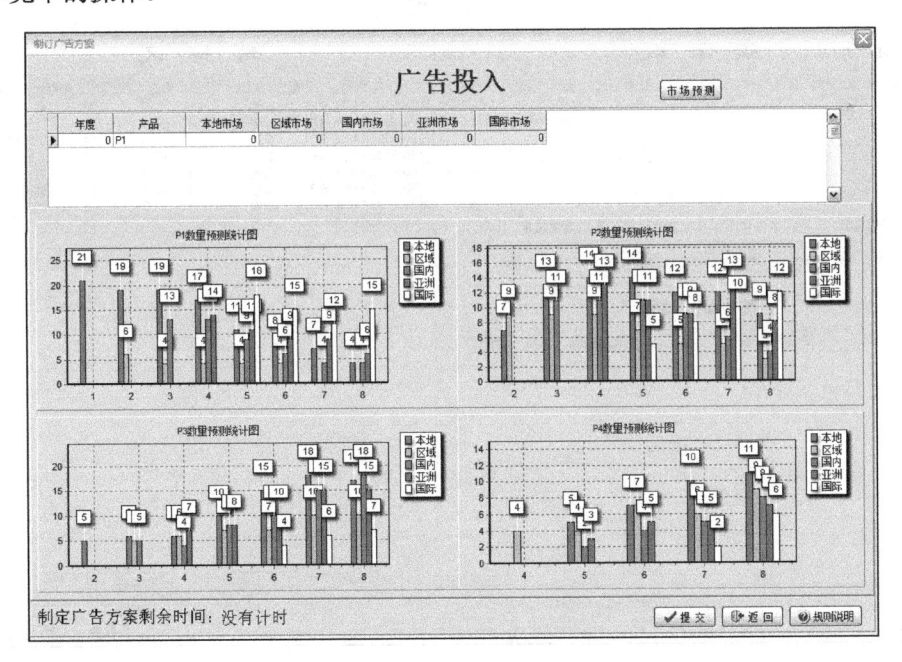

图 3-3 制定广告方案

3. 参加订单竞单

初始年订单竞单操作界面如图 3-4 所示。

◆操作要领：当"指示区"显示你所在组的图标时，表示你可以在"选择区"选一个订单。选单有以下几个原则。

（1）按照投放广告数量的多少排序，投放广告数量越多，选单的顺序越靠前，数量相同则按照投放的速度排序选单；

（2）如果库存产品充足，尽量选金额最大的订单；

（3）金额相同的情况下，尽量选单价高的订单；

（4）定价相同情况下，尽量选账期最短的订单；

（5）如果库存商品数量充足，可以选加急的订单，加急订单必须在第一季度交货，否则就会被扣除订单金额的 25%作为违约金。

假设我们选择图 3-4 中第一行的订单，在"选择区"双击第一行订单后，这个订单就从"选择区"跳到了"签约区"，如图 3-5 所示。当"选择区"没有订单可选，表示竞单结束，我们只需执行"选择"→"返回"命令；如果"选择区"的订单不希望再签了，单击"不选择"按钮，这样就轮到下一组同学选单。如果不按上述要求操作，系统运行会很慢，因为系统一直等着你选单，这样拖延了不必要的时间。

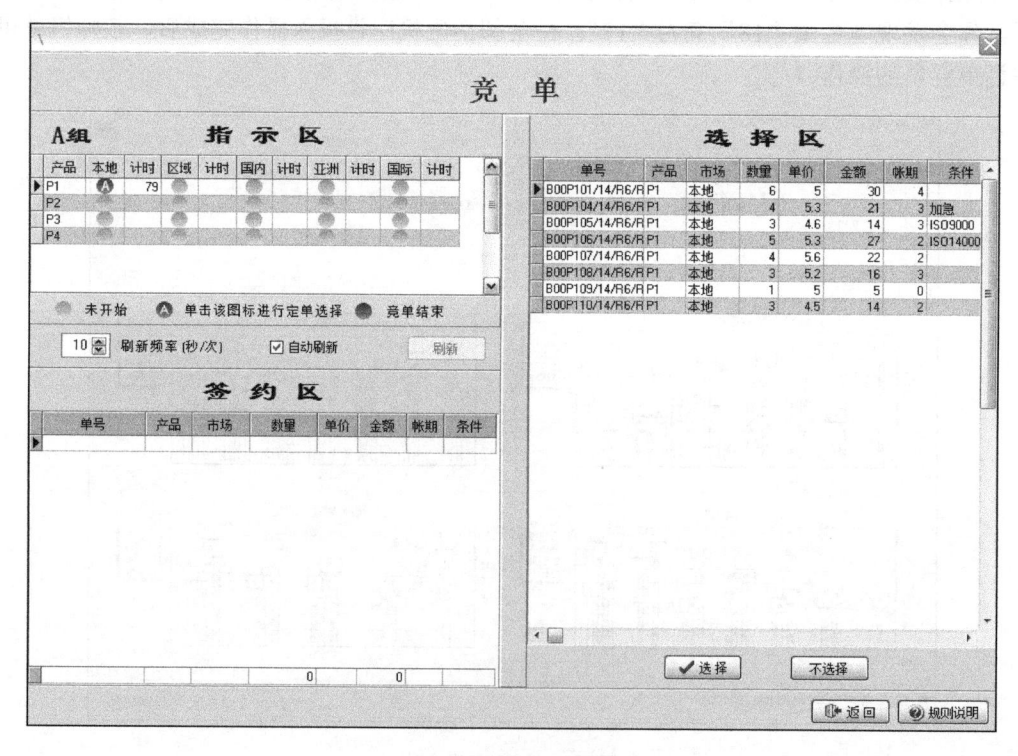

图 3-4 初始年订单竞单

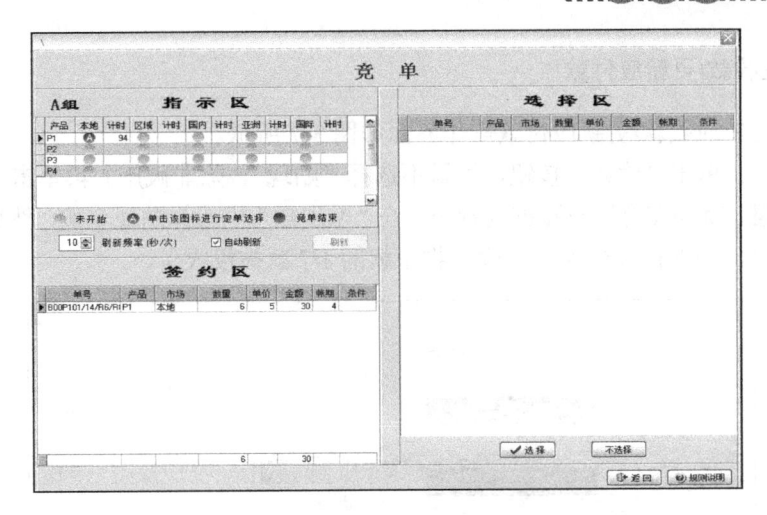

图 3-5　初始年签约的订单

拿到订单后要登记订单：登记格式如"6P1；30/4"，表示 P1 产品数量 6 个，总金额为 30M，账期为 4 期。

3.2　初始年第一季度运营的十件大事

1．短期贷款/支付利息

第一季度短期贷款/支付利息操作界面如图 3-6 所示。

◆操作要领：先在界面左下角单击"确认"按钮，然后在界面右上角"短期贷款"栏选择"20"，再单击"新贷款"按钮，即我们统一贷款 20M，最后单击"返回"按钮，这样你的现金由"17"变为"37"。

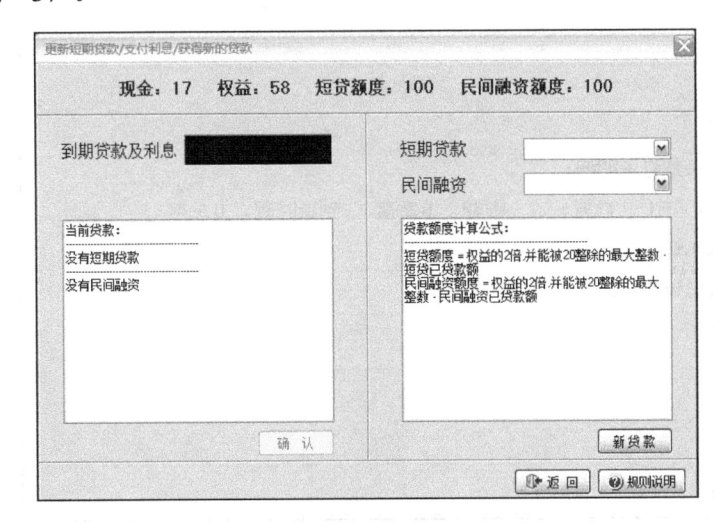

图 3-6　第一季度短期贷款/支付利息

2. 更新应收款/更新应付款

第一季度更新应收款/更新应付款操作界面如图 3-7 所示。

◆操作要领：单击"确认"按钮，尽量不选择"贴现"，除非破产。再单击"返回"按钮。如果还不上利息，就要在有应收账款前提下，在"贴现额"栏选择贴现金额，然后单击"贴现"按钮即可。但是，贴现损失很大，一般应收账款的 1/7 就被没收了。

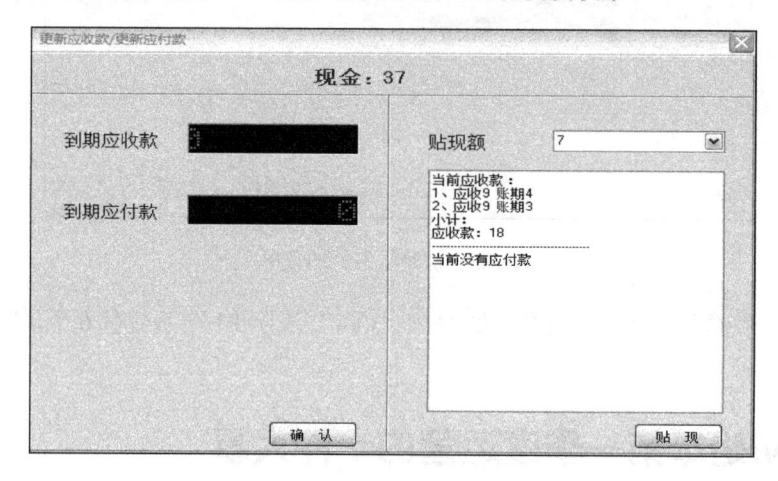

图 3-7　第一季度更新应收款/更新应付款

3. 接收并支付已订的货物

第一季度接收并支付已订的货物操作界面如图 3-8 所示。

◆操作要领：该订单是原企业上季度所订的，先直接单击"接收"按钮，再单击"返回"按钮。观察一下你的原材料库，会发现 R1 原料比刚才多了 2 个，同时你的现金由"37"变为"35"。

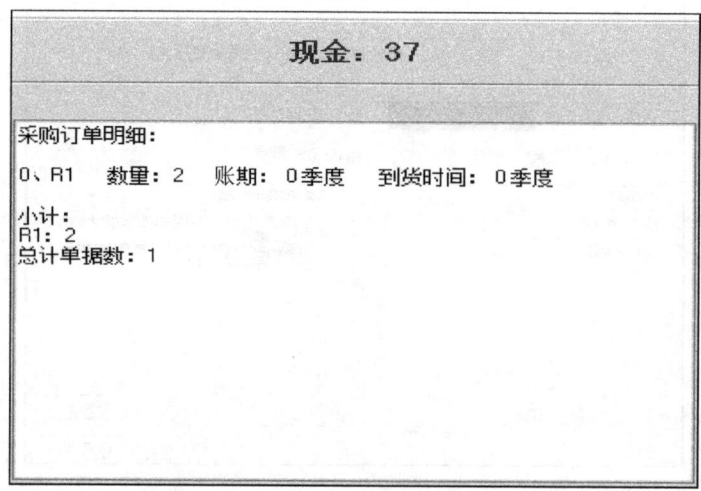

图 3-8　第一季度接收并支付已订的货物

4．下原料订单

第一季度原料采购规则说明如图 3-9 所示，第一季度下原料订单操作界面如图 3-10 所示。

◆操作要领：统一下原材料 R1 订单，在"原材料 R1"右边本文框中输入数字"1"，执行"签约"→"返回"命令；如果不想订购原材料，则执行"跳过"→"返回"命令。注意采购规则，订购数量越多，账期就越长，相当于拿供应商的钱做你自己的生意，而且还是不用付利息的。

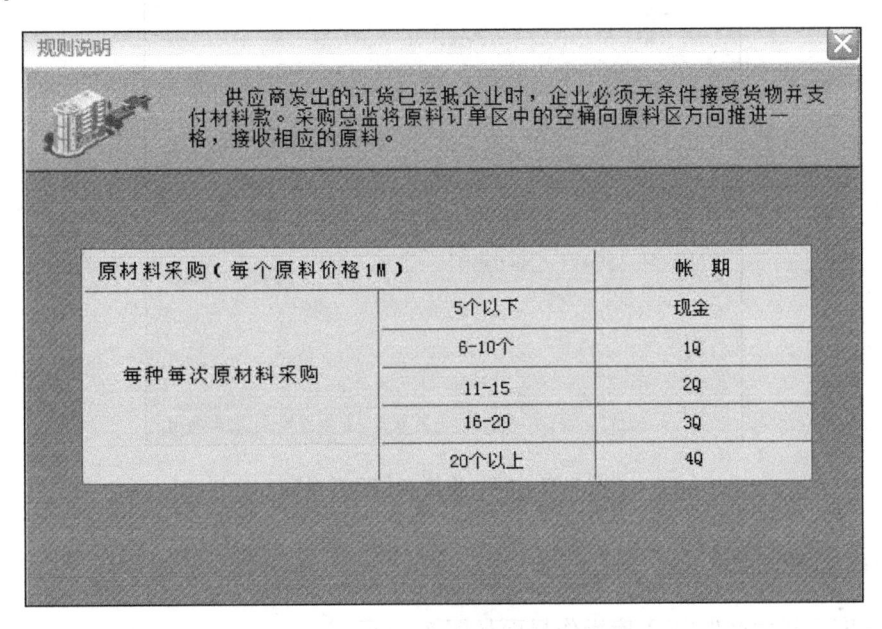

图 3-9　第一季度原料采购规则说明

图 3-10　第一季度下原料订单

5. 产品研发投资

第一季度产品研发投资操作界面如图 3-11 所示。

◆操作要领：假定统一研发 P2 产品，请先勾选"P2（1M）"前面的复选框，再执行"研发"→"返回"命令；如果不想研发，则执行"跳过"→"返回"命令。研发产品投资后，你的现金由"35"变为"34"。

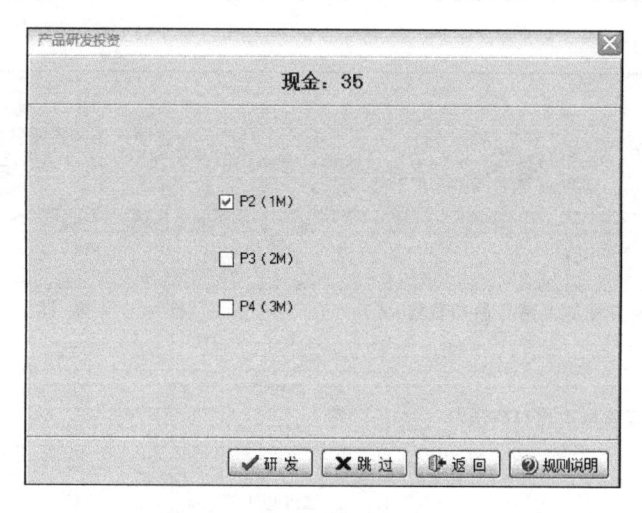

图 3-11　第一季度产品研发投资

6. 更新生产/完工入库

第一季度更新生产/完工入库操作界面如图 3-12 所示。

◆操作要领：先看清楚生产线盘面，可以看到各条生产线的类别、各生产什么产品和生产进度，执行"更新"→"返回"命令。其中，第三条手工线的 P1 产品更新后变成了库存产品。因此，你的 P1 产品的数量由 4 个变为 5 个。

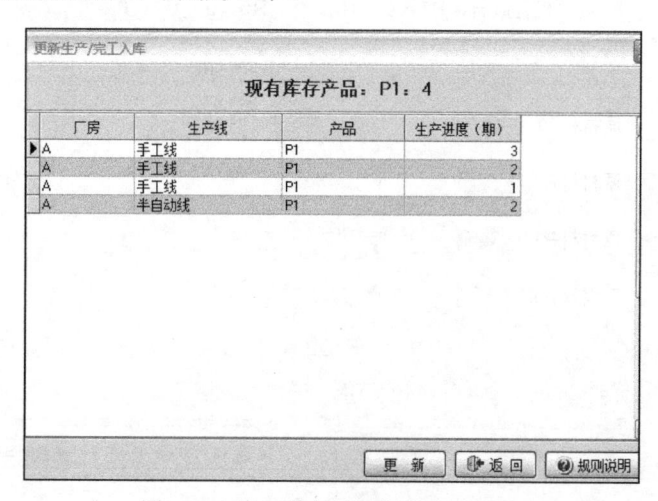

图 3-12　第一季度更新生产/完工入库

7. 购买或调整生产线

第一季度购买或调整生产线操作界面如图 3-13 所示。

◆操作要领：假定大家统一变卖界面右下角编号为"3"的手工线。在"可变卖生产线"区域中选中该生产线，单击"变卖"按钮。观察你的现金变化，由"34"变为"35"，意味着卖出一条手工线后，你现金增加了 1M。最后单击"返回"按钮。

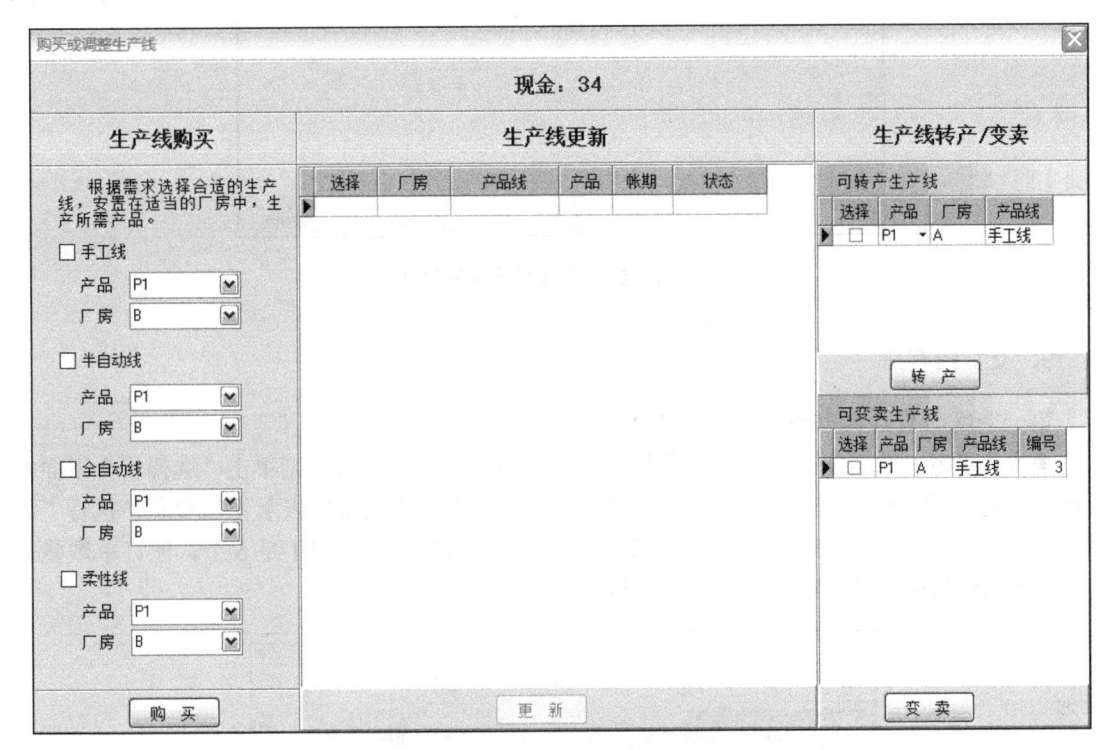

图 3-13　第一季度购买或调整生产线

8. 开始新的生产

第一季度开始新的生产操作界面如图 3-14 所示。

◆操作要领：观看盘面，单击"选择否"下面复选框，选中后执行"新生产"→"返回"命令。观察你的现金是否由"34"变为"33"。如果缺少原料会提示你原料不足，无法生产，则执行"跳过"→"返回"命令；如果没有空闲生产线可选择，则表示无需生产，执行"跳过"→"返回"命令。

温馨提示：单击"已投产生产线"选项卡可显示生产进度。"现金"和"现有原料"显示资金和原料的品种以及相应数量。

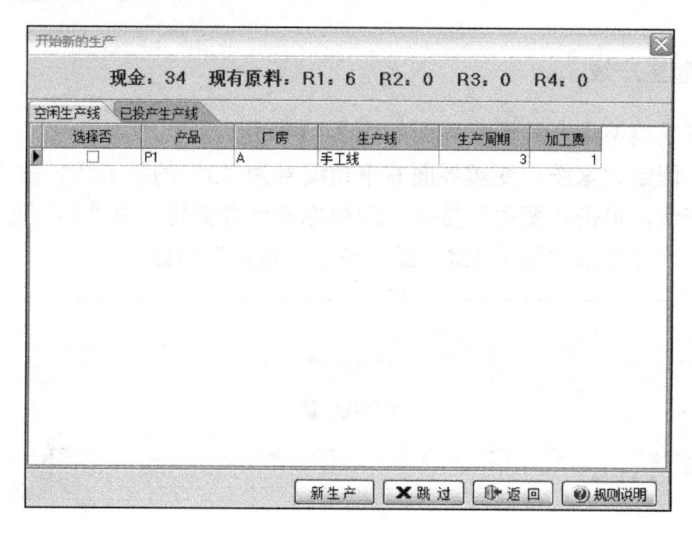

图 3-14 第一季度开始新的生产

9. 交货给客户

第一季度交货给客户操作界面如图 3-15 所示。

◆操作要领：先看"现有库存产品"的数量，如果大于订单数量则单击"选择否"下面的复选框，选中后执行"交货"→"返回"命令；如果小于订单数量则表示无法交货，执行"结束交货"→"返回"命令。例如在图 3-15 中，第一季度你库存产品 P1 是 5 个，但订单数量是 6 个，因此你只能执行"结束交货"→"返回"命令。

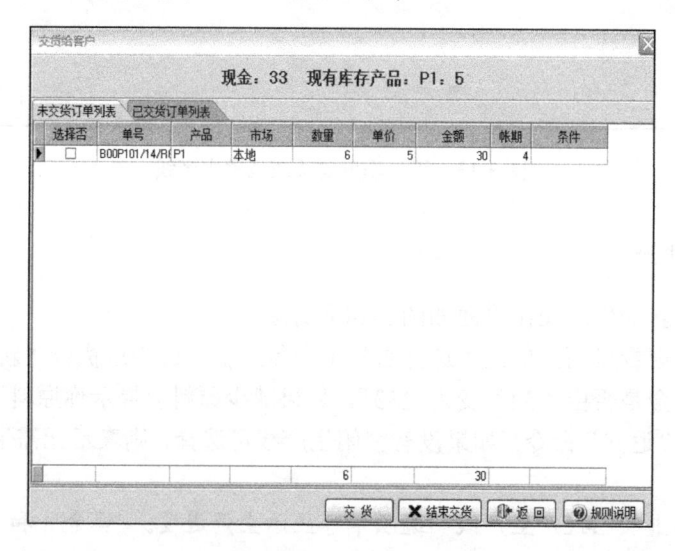

图 3-15 第一季度交货给客户

10. 支付行政管理费

第一季度支付行政管理费操作界面如图 3-16 所示。

◆操作要领：执行"支付"→"返回"命令，你的现金由"33"变为"32"。

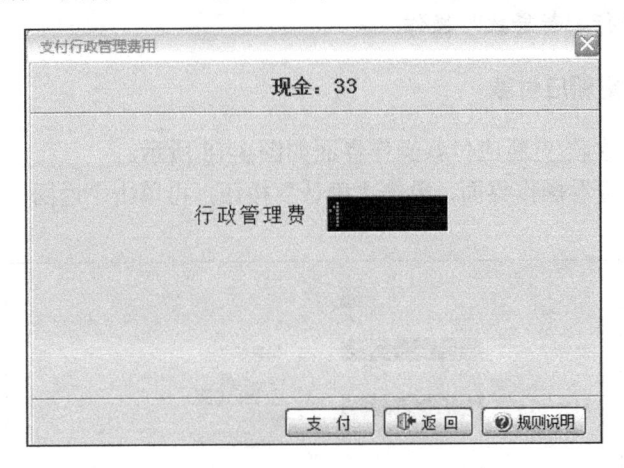

图 3-16　第一季度支付行政管理费

至此，第一季度运营结束，单击界面右下角"下一季度"按钮，进入第二季度运营。

3.3　初始年第二季度运营的十件大事

1. 短期贷款/支付利息

第二季度短期贷款/支付利息操作界面如图 3-17 所示。

◆操作要领：先查看操作界面，界面顶部菜单栏显示你现有的现金、权益、短贷额度和民间融资额度。先在界面的左下方单击"确认"按钮，然后在右上方"短期贷款"下拉列表中选择"20"，再单击"新贷款"按钮，即假定新增加 20M 的短期贷款。可以观察到现金由"32"变为"52"，最后单击"返回"按钮。

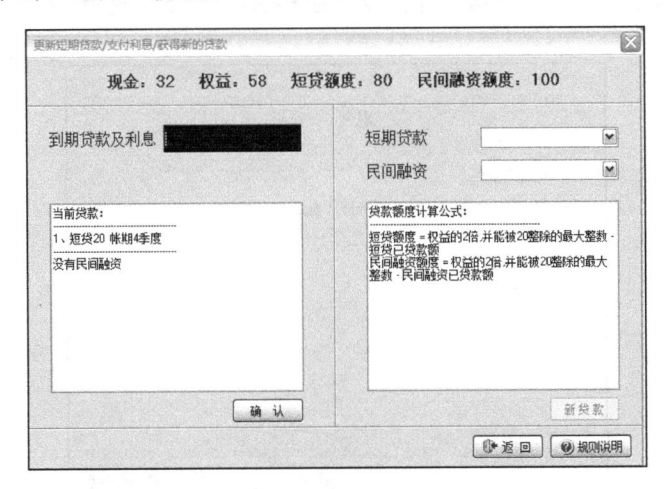

图 3-17　第二季度短期贷款/支付利息

温馨提示：后面的模拟经营过程中如果缺钱，只要短期贷款还有额度，就可以跳回到短期贷款的操作界面中进行"新贷款"操作。

2. 更新应收款/更新应付款

第二季度更新应收款/更新应付款操作界面如图3-18所示。

◆操作要领：先查看操作界面，单击"确认"按钮，再单击"返回"按钮，尽量不要单击"贴现"按钮。

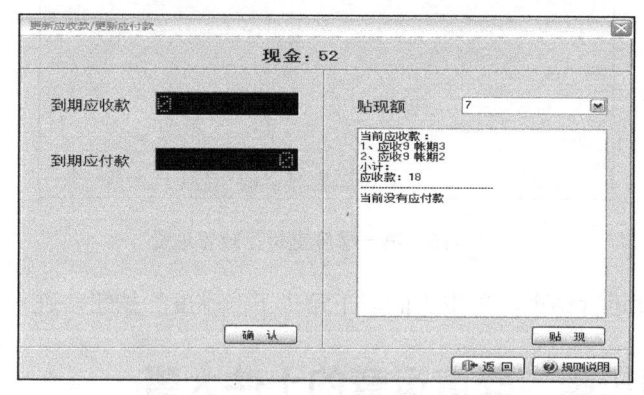

图 3-18　第二季度更新应收款/更新应付款

温馨提示：当你无力偿还短期贷款时，可以先办理"贴现"。尽管要付出惨痛的代价（扣除应收账款金额的 1/7），但起码你坚持下来了，否则你就只能破产了。

3. 接收并支付已订的货物

第二季度接收并支付已订的货物操作界面如图 3-19 所示。

◆操作要领：看清操作界面内容，"采购订单明细"表示各原料到货时间和数量。先单击"接收"按钮，再单击"返回"按钮，你会发现原料 R1 由"5"变为"6"；现金由"52"变为"51"。

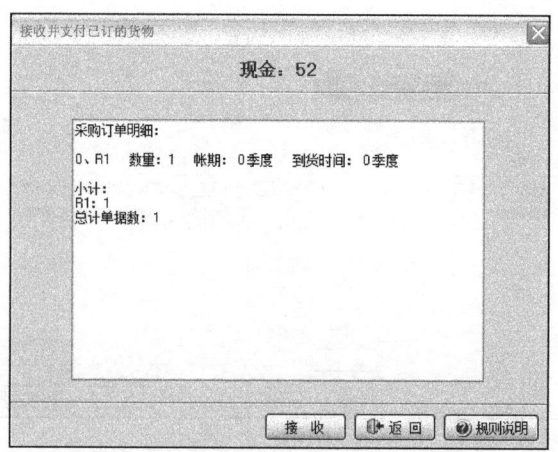

图 3-19　第二季度接收并支付已订的货物

4. 下原料订单

第二季度下原料订单操作界面如图3-20所示。

◆操作要领：先观察"现有原料"的数值，该信息栏显示你已拥有原料的种类和数量，在操作界面的"原材料R1""原材料R2""原材料R3""原材料R4"的右边文本框里全部输入"1"，然后单击"签约"按钮，表示上述4种原材料各订购了1个，再单击"返回"按钮。

图3-20　第二季度下原料订单

5. 产品研发投资

第二季度产品研发投资操作界面如图3-21所示。

◆操作要领：先查看操作界面，勾选"P2（1M）""P3（2M）""P4（3M）"前面的复选框，执行"研发"→"返回"命令，表示本季度三个产品你都研发了。分别支付对应的现金，现金由"51"变为"45"。

如果只想研发其中的部分产品，只需要选中该产品即可。例如，只想研发P2产品和P4产品，不想研发P3产品，则勾选"P2（1M）"和"P4（3M）"前面的复选框，执行"研发"→"返回"命令。

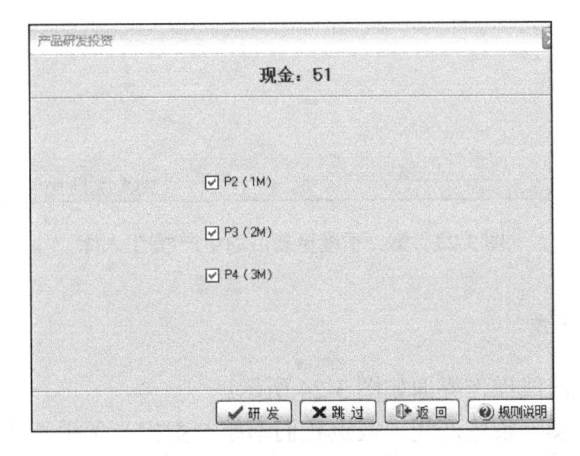

图3-21　第二季度产品研发投资

6. 更新生产/完工入库

第二季度更新前生产/完工入库操作界面如图 3-22 所示。

◆操作要领：先查看操作界面，从现有库存产品信息栏可以看到产品种类和数量，表格里显示的是你目前的生产线种类及生产进度，执行"更新"→"返回"命令。更新后的生产/完成入库操作界面如图 3-23 所示，即现有库存产品 P1 由更新前的 5 个变成了 7 个，另外两条生产线上已经没有可更新的产品了。

图 3-22　第二季度更新前的生产/完工入库

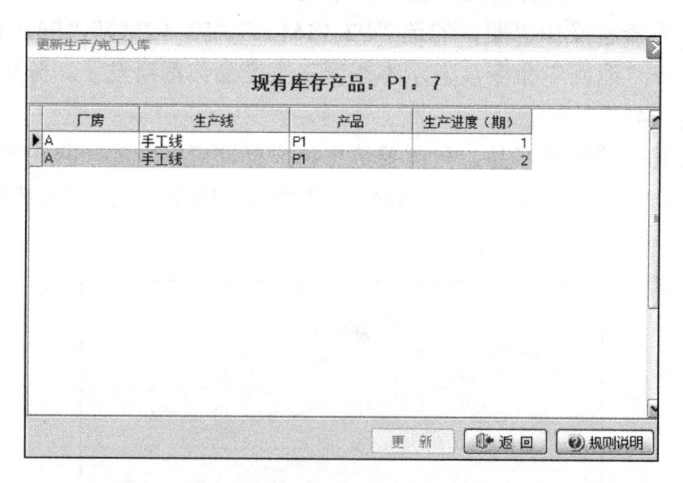

图 3-23　第二季度更新后的生产/完工入库

7. 购买或调整生产线

购买或调整前的生产线操作界面如图 3-24 所示。

◆操作要领：①变卖一条生产线。假定我们都统一卖出一条手工线，在如图 3-24 所示界面的右下角"可变卖生产线"区域，勾选"手工线"前的复选框，再单击"变卖"按钮。操作完成后你的现金由"45"变为"46"。②购买一条生产线。在界面左边"生产线购买"区域，可以购买生产线。购买优先原则按生产效率由高至低分别为：柔性线和全自动线→半自动线→手工线。假定本季度我们统一购买一条生产 P2 产品的全自动线，勾选"全自动线"前面的复选框，将产品"P1"调整为"P2"（系统默认生产 P1 产品，如果你要生产其他产品请在 P1 处向下拉），然后再单击"购买"按钮。发现中间"生产线更新"区域中出现了新的生产线，现金已经由"46"变为"42"，意味着本季度购买全自动线你花费了 4M。最后单击"返回"按钮。购买或调整后的生产线操作界面如图 3-25 所示。

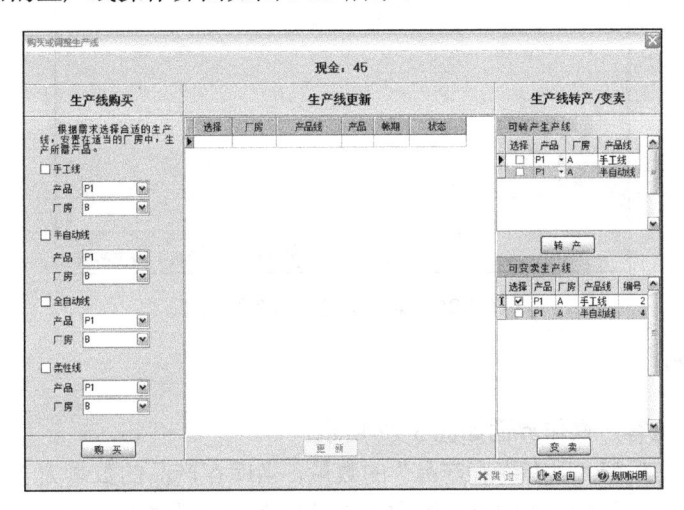

图 3-24　第二季度购买或调整前的生产线

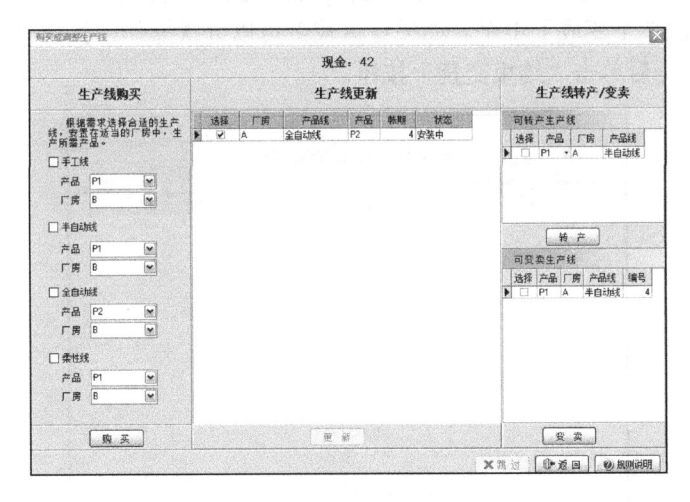

图 3-25　第二季度购买或调整后的生产线

8．开始新的生产

第二季度开始新的生产操作界面如图 3-26 所示。

◆操作要领：菜单下面的信息栏表示你现有的现金数量、现有原料种类和数量。在原料充足的情况下，勾选"选择否"下面的复选框，然后单击"新生产"按钮。操作完成后你会发现现金由"42"变为"41"，R1原料由"6"变为"5"。最后单击"返回"按钮。

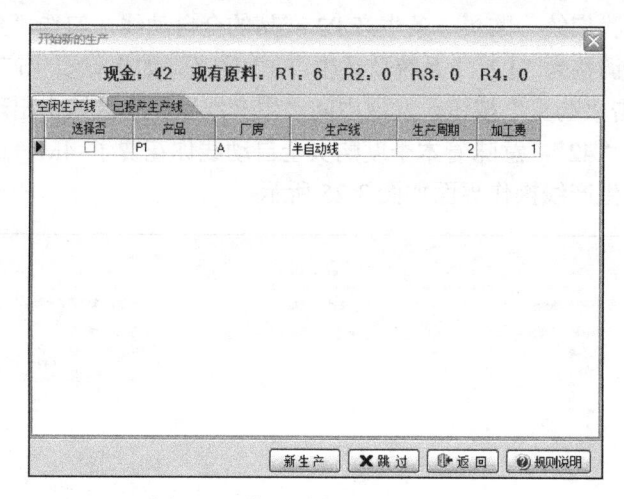

图 3-26　第二季度开始新的生产

9. 交货给客户

第二季度交货给客户操作界面如图 3-27 所示。

◆操作要领：先观察"现有库存产品"的数量，当库存产品的数量大于或等于订单的数量时，可以交货给客户。例如在图 3-27 中，P1 产品现在库存数量是 7 个，而订单数量是 6 个，因此可以交货了。勾选"选择否"下面的复选框，然后执行"交货"→"返回"命令，你会发现 P1 产品由原来的 7 个变成了 1 个。如果订单较多可以分次操作，执行"交货"→"返回"命令，完成所有交货后单击"结束交货"按钮。

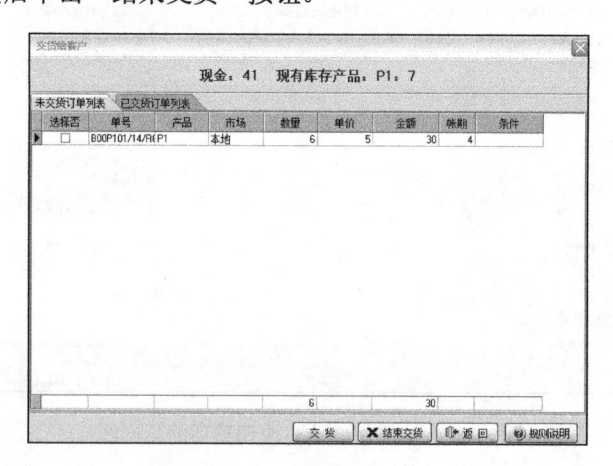

图 3-27　第二季度交货给客户

10. 支付行政管理费

第二季度支付行政管理费操作界面如图 3-28 所示。

◆操作要领：单击"支付"按钮，你会发现现金由"41"变为"40"。单击"下一季度"按钮，进入下一季度的模拟经营。

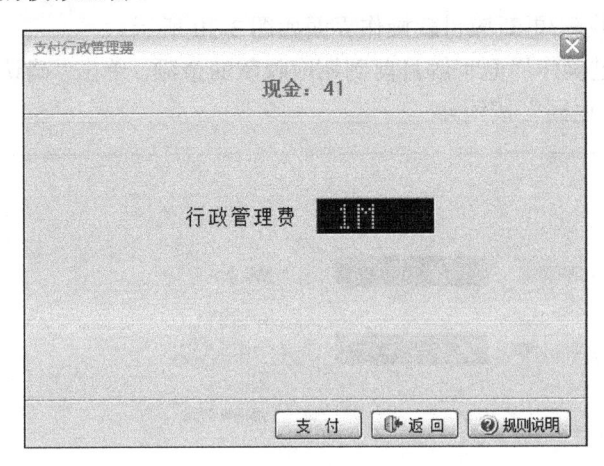

图 3-28　第二季度支付行政管理费

3.4　初始年第三季度运营的十件大事

1. 短期贷款/支付利息

第三季度短期贷款/支付利息操作界面如图 3-29 所示。

◆操作要领：只要在短期贷款限定的额度范围内，都可以根据自身需要进行贷款。短期贷款利息为5%，一年内需要偿还。例如，贷款 20M，次年要偿还 21M。假设本季度我们都统一贷款 20M，先单击"确认"按钮，再将"短期贷款"的数值调至"20"，单击"新贷款"按钮。操作完成后，发现现金由"40"变为"60"，资金区域显示的短期贷款由"40"变为"60"，增加了还贷压力。

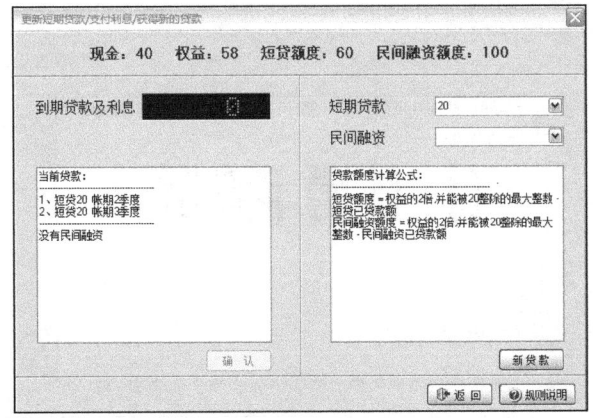

图 3-29　第三季度短期贷款/支付利息

2. 更新应收款/更新应付款

第三季度更新应收款/更新应付款操作界面如图 3-30 所示。

◆操作要领：通过操作界面了解目前到期应收款的金额，单击"确认"按钮，现金由"60"变为"69"。再单击"返回"按钮。

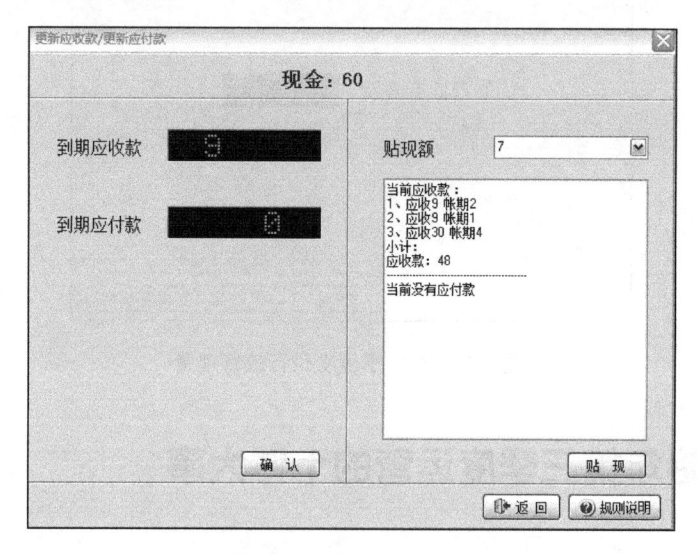

图 3-30　第三季度更新应收款/更新应付款

3. 接收并支付已订的货物

第三季度接收并支付已订的货物操作界面如图 3-31 所示。

◆操作要领：先查看台面材料的种类、数量、账期和到货时间，再执行"接收"→"返回"命令。

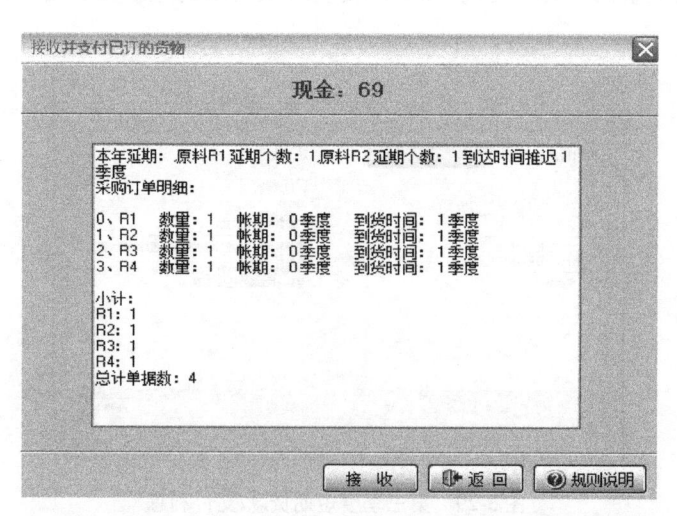

图 3-31　第三季度接收并支付已订的货物

温馨提示：R3 和 R4 属于远途材料，因此你至少要提前一个季度订货。

4．下原料订单

第三季度下原料订单操作界面如图 3-32 所示。

◆操作要领：假定库存原材料都充足，本季度不用下原料订单，执行"跳过"→"返回"命令。

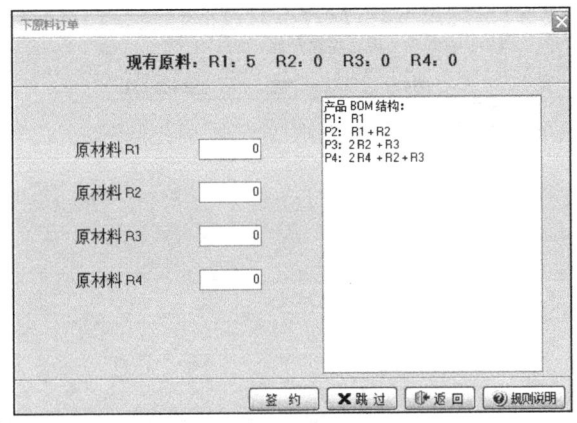

图 3-32　第三季度下原料订单

温馨提示：在资金紧张的情况下，原材料如果充足可以不下原料订单。另外，如果拿到的订单很少，也要尽量控制生产。经济账没算好，原材料买多了，很容易导致破产。

5．产品研发投资

第三季度产品研发投资操作界面如图 3-33 所示。

◆操作要领：假定现在资金紧张了，可以有选择地进行产品研发。本次只想研发 P2 产品和 P4 产品，勾选"P2（1M）"和"P4（3M）"前面的复选框，执行"研发"→"返回"命令。操作成功后你会发现现金由"69"变为"65"，界面上产品研发区域又增加了红点。

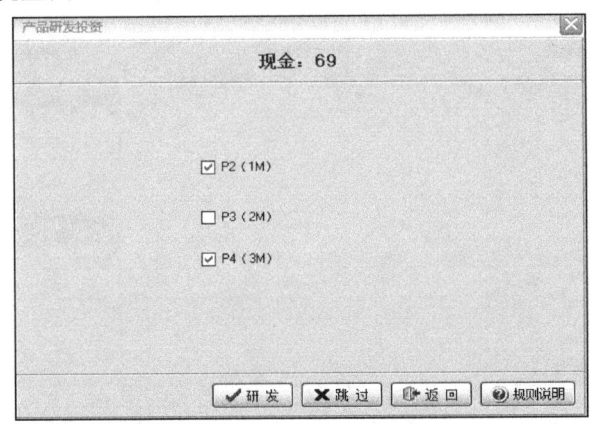

图 3-33　第三季度产品研发投资

6. 更新生产/完工入库

第三季度更新生产/完工入库操作界面如图 3-34 所示。

◆操作要领：先查看操作界面，了解各条生产线的种类和生产进度后，执行"更新"→"返回"命令。更新完成后，生产线减少了一条，库存产品 P1 由"1"变为"2"。

图 3-34　第三季度更新生产/完工入库

7. 购买或调整生产线

第三季度购买或调整前的生产线操作界面如图 3-35 所示。

◆操作要领：观察操作界面，单击"更新"按钮。操作完成后发现现金由"65"变为"61"。生产线转产和变卖本次不做任何变化，单击"返回"按钮。全自动线由账期"4"变为"3"。更新后的生产线操作界面如图 3-36 所示。

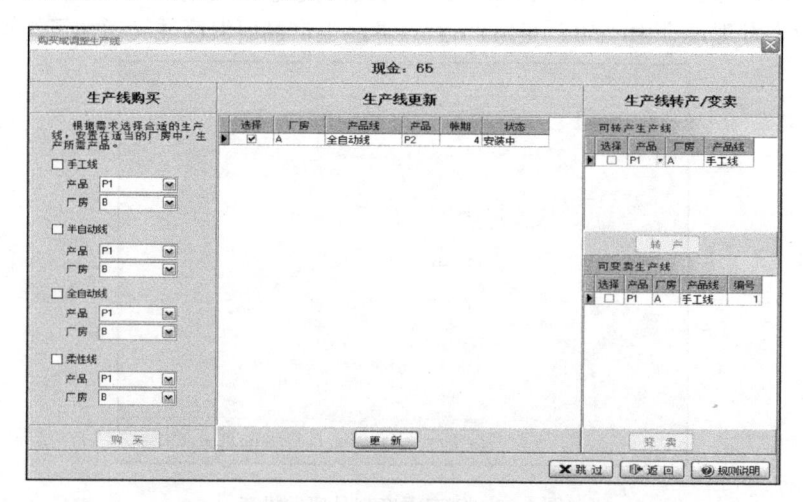

图 3-35　第三季度购买或调整前的生产线

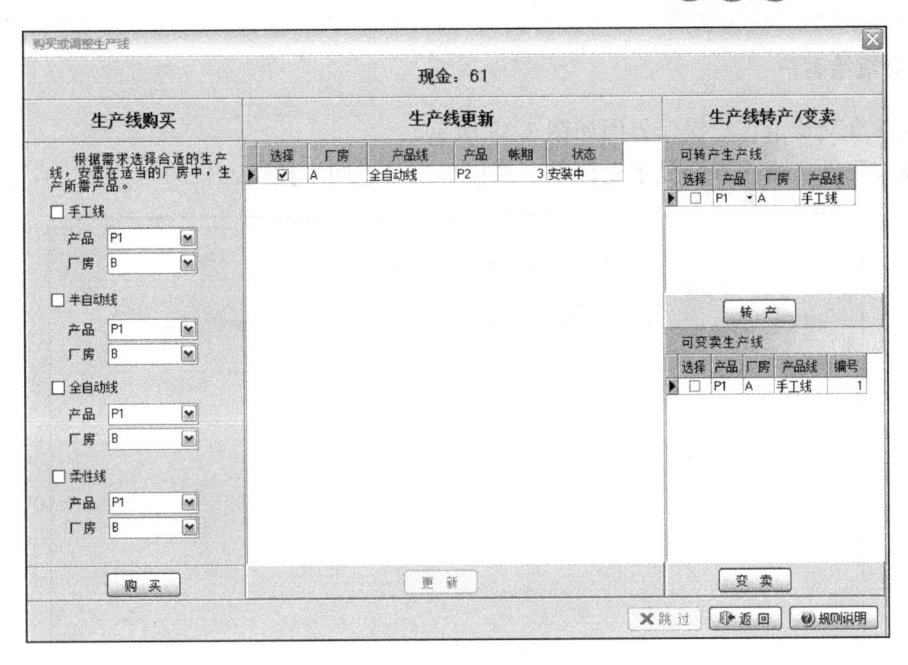

图 3-36　第三季度更新后的生产线

8．开始新的生产

第三季度开始新的生产操作界面如图 3-37 所示。

◆操作要领：原材料充足的情况下，勾选"选择否"下面的复选框，执行"新生产"→"返回"命令。操作完成后 R1 原料由"5"变为"4"，现金由"61"变为"60"。

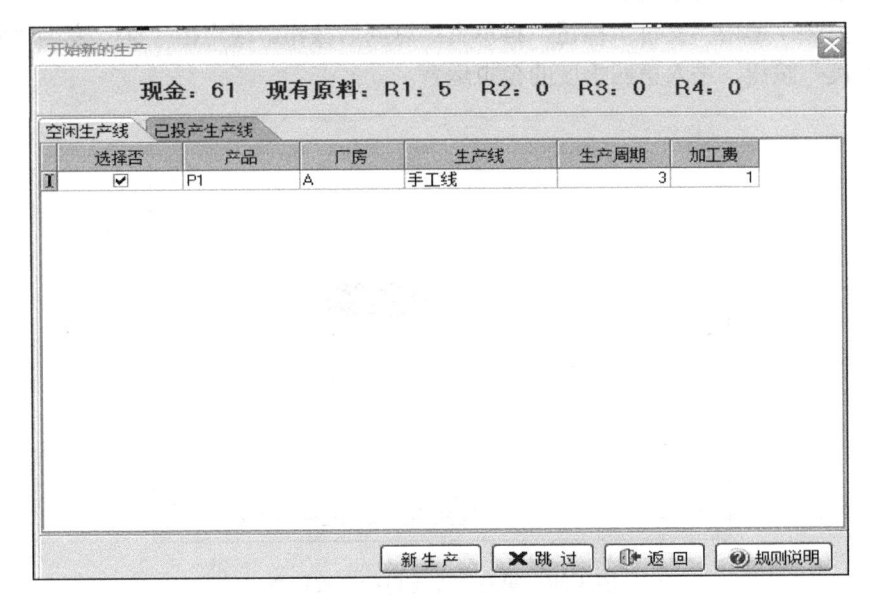

图 3-37　第三季度开始新的生产

9. 交货给客户

第三季度交货给客户操作界面如图 3-38 所示。

◆操作要领：操作界面显示无订单，直接单击"返回"按钮。

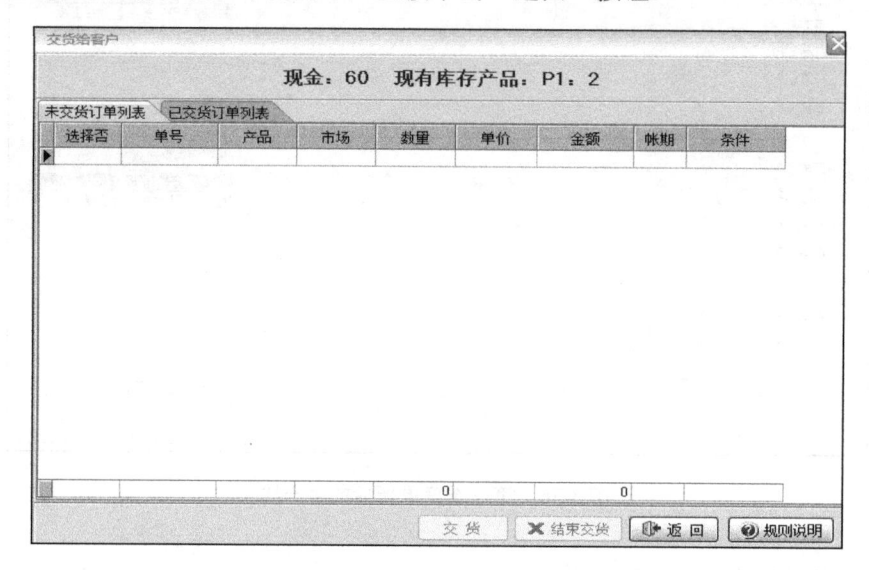

图 3-38　第三季度交货给客户

10. 支付行政管理费

第三季度支付行政管理费操作界面如图 3-39 所示。

◆操作要领：单击"支付"按钮，再单击"返回"按钮。现金由"60"变为"59"。再单击"下一季度"按钮，进入第四季度的模拟运营。

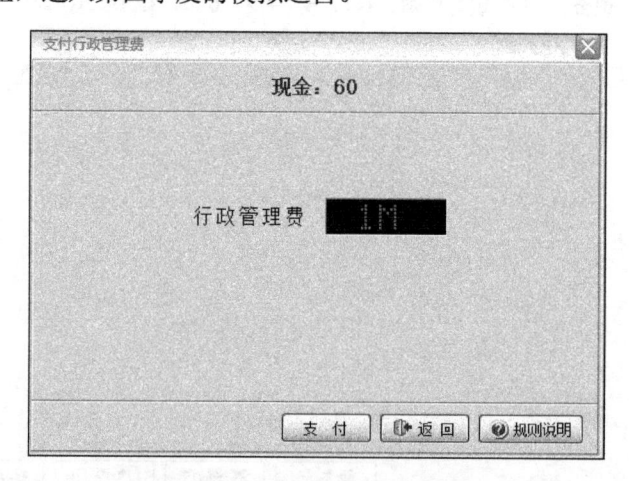

图 3-39　第三季度支付行政管理费

3.5 初始年第四季度运营的十件大事

第四季度沙盘界面情况如图 3-40 所示。

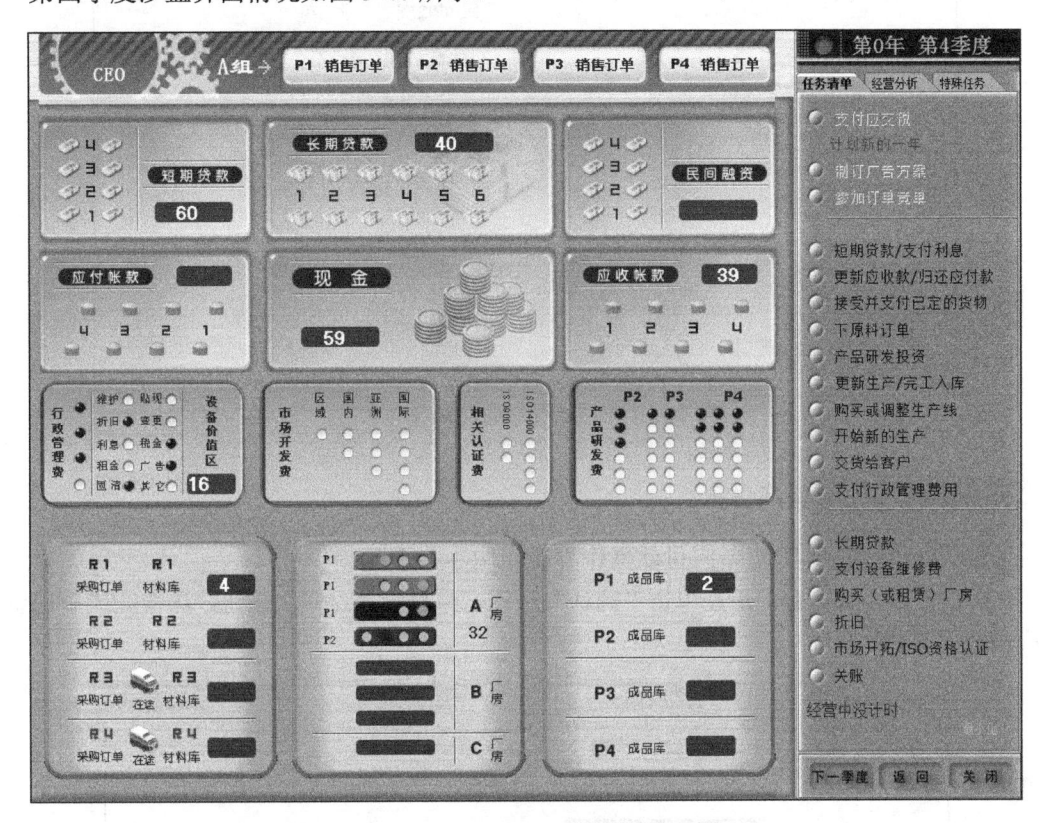

图 3-40 第四季度沙盘界面情况

1. 短期贷款/支付利息

第四季度短期贷款/支付利息操作界面如图 3-41 所示。

◆操作要领：先观察界面信息，了解自有资金和借贷额度的情况，然后单击"确认"按钮。短期借款操作方法前面已经介绍，在此不再赘述。在这里，我们尝试进行"民间融资"操作。民间融资俗称"高利贷"，是在你没有短期贷款和长期贷款额度的时候，为了不至于破产而采取的办法，我们用"饮鸩止渴"来形容也不为过。假设资金都被占用了，你就只能进行民间融资操作。单击"民间融资"栏右边的下拉列表，将金额调整至"20"，单击"新贷款"按钮，再单击"返回"按钮。你的现金由"59"变为"79"，民间融资额度由"100"变为"80"。将鼠标指向"民间融资"区域，你会看到第四季度要还钱了。

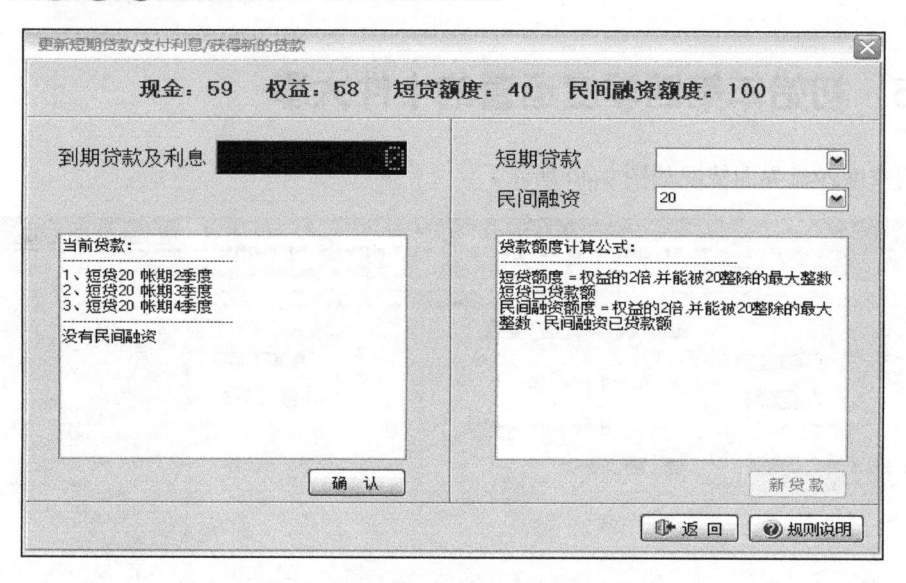

图 3-41　第四季度短期贷款/支付利息

2．更新应收款/更新应付款

第四季度更新应收款/更新应付款操作界面如图 3-42 所示。

◆操作要领：看清台面后，单击"确认"按钮，再单击"返回"按钮。操作完成后现金由"79"变为"88"。

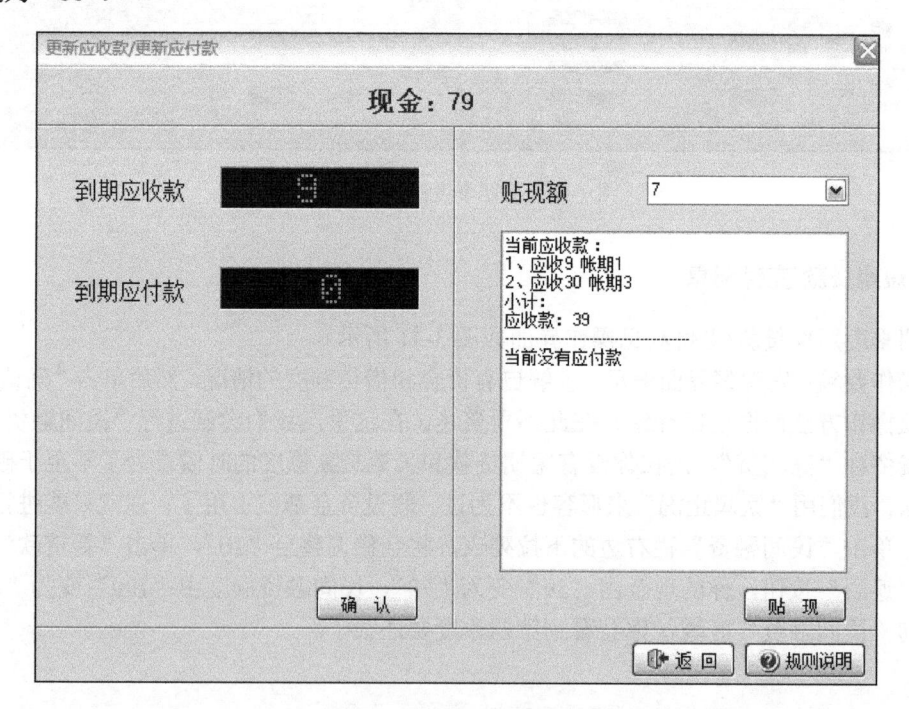

图 3-42　第四季度更新应收款/更新应付款

3. 接收并支付已订的货物

第四季度接收并支付已订的货物操作界面如图 3-43 所示。

◆操作要领：查看界面，先单击"接收"按钮，再单击"返回"按钮。操作完成后现金由"88"变为"86"。

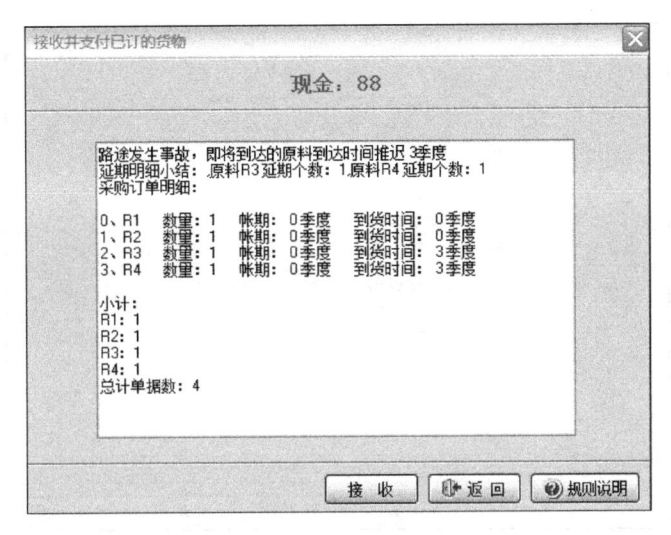

图 3-43　第四季度接收并支付已订的货物

4. 下原料订单

第四季度下原料订单操作界面如图 3-44 所示。

◆操作要领：本季度我们不下原料订单，直接单击"跳过"按钮，再单击"返回"按钮。

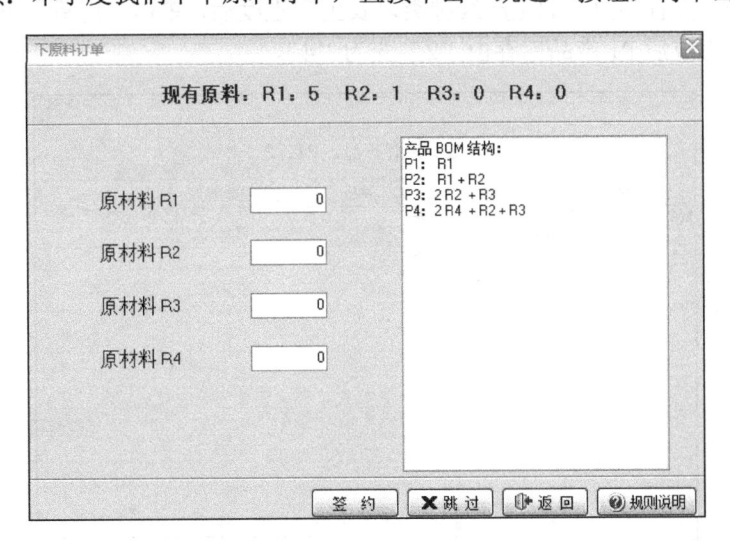

图 3-44　第四季度下原料订单

5. 产品研发投资

第四季度产品研发投资操作界面如图 3-45 所示。

◆操作要领：假定我们统一选择研发 P2 产品。勾选"P2（1M）"前面的复选框，然后再单击"研发"按钮，最后单击"返回"按钮。现金由"86"变为"85"。

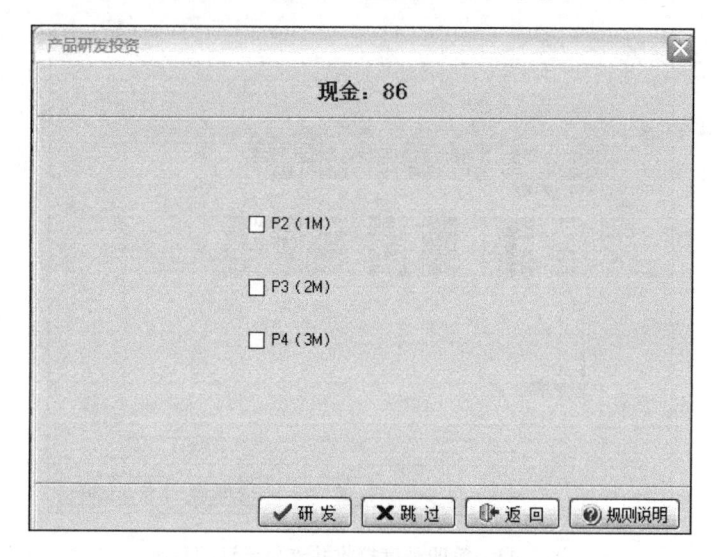

图 3-45　第四季度产品研发投资

6. 更新生产/完工入库

第四季度更新生产/完工入库操作界面如图 3-46 所示。

◆操作要领：查看界面里的生产线种类以及生产进度后，单击"更新"按钮，再单击"返回"按钮，操作完成后 P1 产品库存由"2"变为"4"。

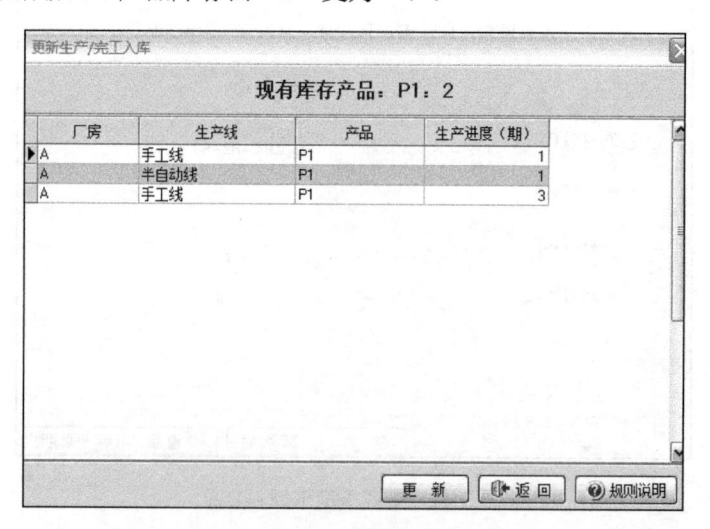

图 3-46　第四季度更新生产/完工入库

7. 购买或调整生产线

第四季度购买或调整前的生产线操作界面如图 3-47 所示。

◆操作要领：首先，单击"更新"按钮，现金由"85"变为"81"。勾选"可变卖生产线"区域中的"手工线"前的复选框，再单击"变卖"按钮，把手工线卖掉，资金由"81"变为"82"。其次，到"生产线转产/变卖"区域，勾选"手工线"前的复选框，将"P1"下拉到"P3"，单击"转产"按钮，现金由刚才的"82"变为"81"（手工线转产费用是 1M）。现在观察界面，A 厂房又有空位置了，说明又可以购买安装生产线。我们在 A 厂房安装一条全自动的 P2 产品生产线，勾选"全自动线"前的复选框，再单击"购买"按钮，现金由"81"变为"77"。这时大家会发现，生产线购买区域厂房都变为"B"了，意味着你购买的生产线只能放在 B 厂房或 C 厂房。假设我们还要购买一条柔性线，那么就要勾选"柔性线"前面复选框，产品"P1"下拉到"P2"，厂房由"B"下拉到"C"，然后再单击"购买"按钮，现金由"77"变为"71"。"生产线更新"区域出现了四条信息，如图 3-48 所示。最后单击"返回"按钮。

当然，如果不调整、不转产，则直接单击"跳过"按钮，再单击"返回"按钮。

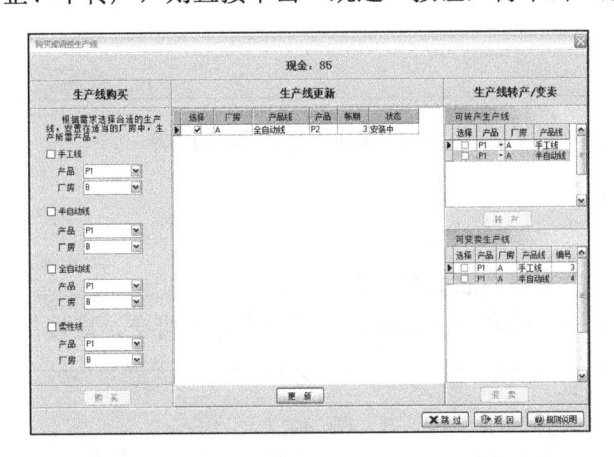

图 3-47　第四季度购买或调整前的生产线

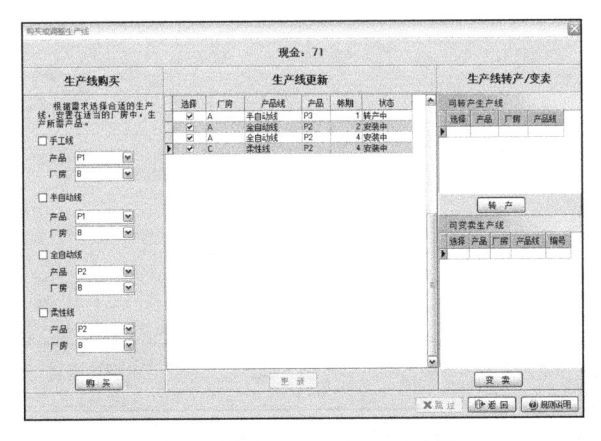

图 3-48　第四季度购买或调整后的生产线

8. 开始新的生产

第四季度开始新的生产操作界面如图 3-49 所示。

◆操作要领：如果原料和现金充足，选中"生产线"后单击"新生产"按钮，再单击"返回"按钮，观察现金的变化。如果原料不足，只能单击"跳过"按钮，再单击"返回"按钮。

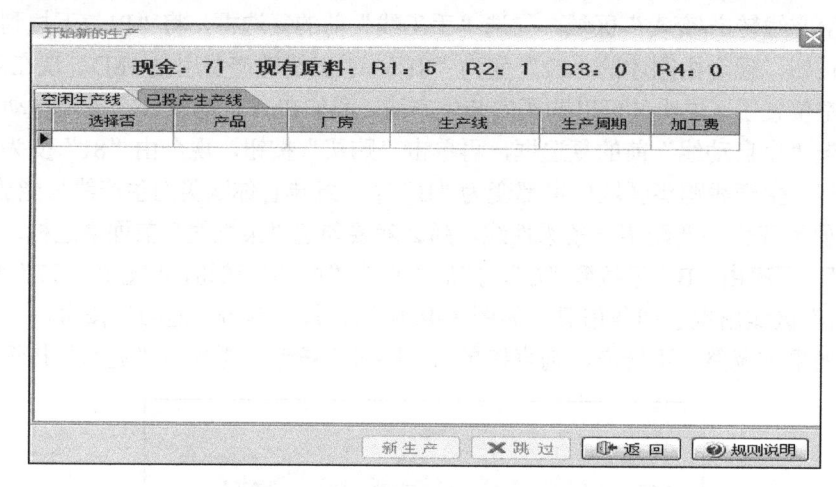

图 3-49　第四季度开始新的生产

9. 交货给客户

第四季度交货给客户操作界面如图 3-50 所示。

◆操作要领：由于一年只有一次订单，如果没有订单可交，直接单击"返回"按钮。

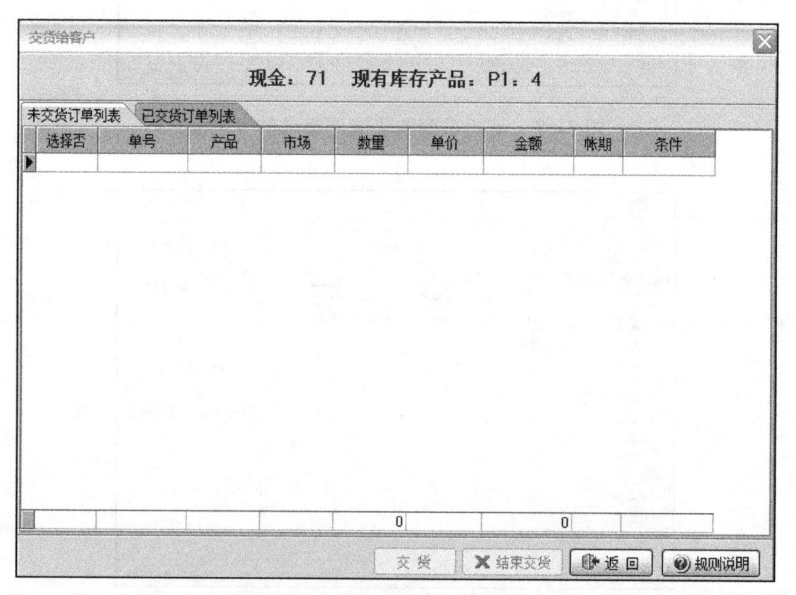

图 3-50　第四季度交货给客户

10. 支付行政管理费

第四季度支付行政管理费操作界面如图 3-51 所示。

◆操作要领：单击"支付"按钮，再单击"返回"按钮。现金由"71"变为"70"。

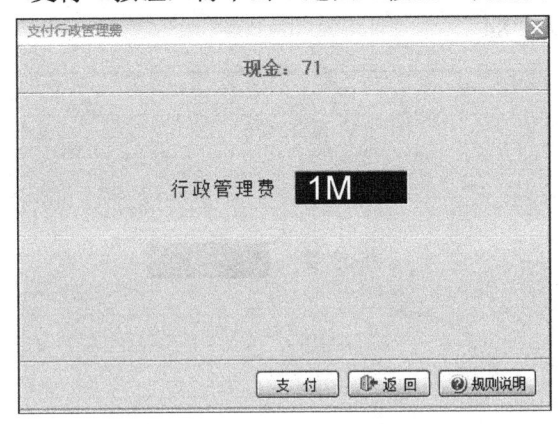

图 3-51　第四季度支付行政管理费

3.6　初始年年度末运营的六件大事

1．长期贷款

第四季度长期贷款操作界面如图 3-52 所示。

◆操作要领：金额 40M 的长期贷款，按照利率 10%来计算，应该支付 4M 的利息。先单击"确认"按钮，现金由"70"变为"66"。长期贷款可贷 60M，我们统一都贷款 20M，单击"长期贷款"栏右边下拉列表，选择"20"，单击"新贷款"按钮，再单击"返回"按钮。现金由"66"变为"86"。

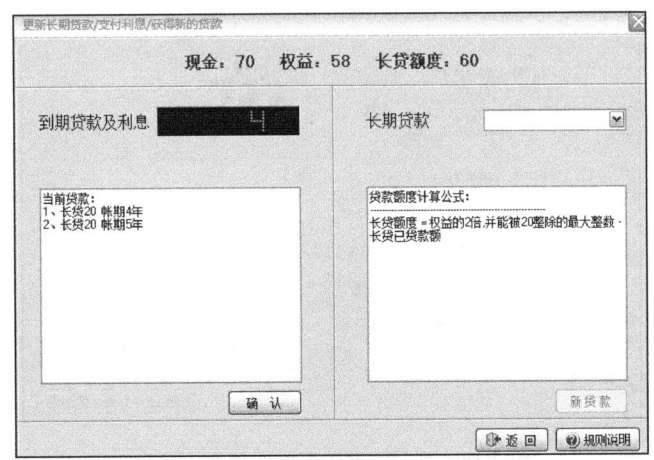

图 3-52　第四季度长期贷款

2. 支付设备维修费

第四季度支付设备维修费操作界面如图 3-53 所示。

◆操作要领：每条在用的设备需提取 2M 的维修费。单击"支付"按钮，再单击"返回"按钮，现金由"86"变为"84"。

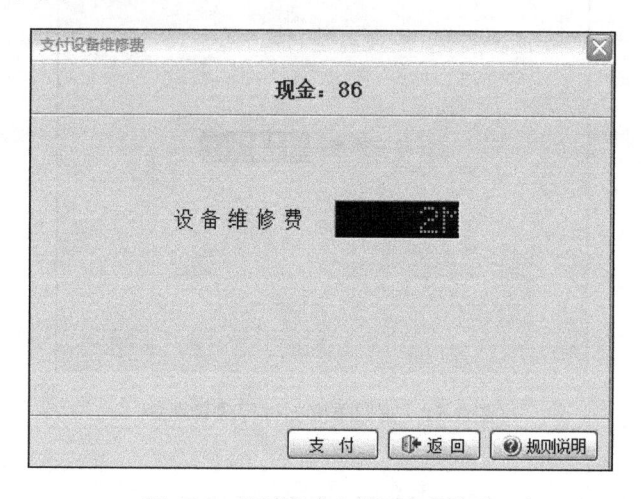

图 3-53　第四季度支付设备维修费

3. 购买（或租赁）厂房

第四季度购买（或租赁）厂房操作界面如图 3-54 所示。

◆操作要领：因为 A 厂房是自有厂房，所以无需租赁或购买，只需在 B 厂房或 C 厂房进行对应的操作。本季度我们在 C 厂房安装了柔性线，单击 C 厂房列表中"租赁"或"购买"单选钮，再单击"提交"按钮，最后单击"返回"按钮。

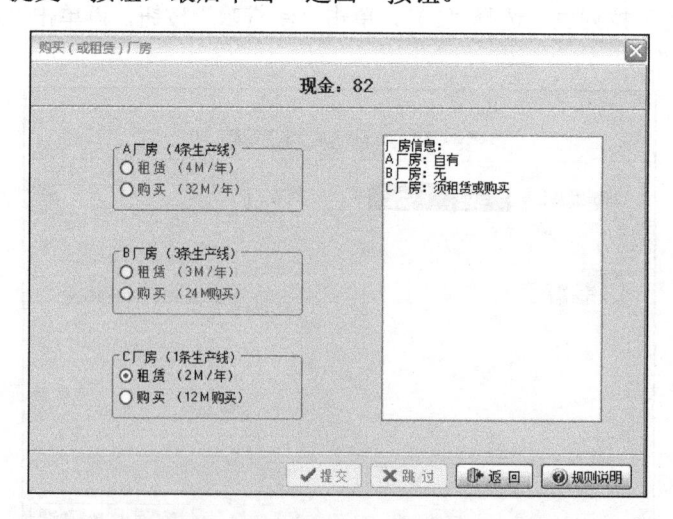

图 3-54　第四季度购买（或租赁）厂房

温馨提示：租赁或购买只能二者选其一。租赁虽然便宜，但是购买可以增加分值。购买前需要算好你的资金，因为一般下一年都要偿还短期贷款。如果资金不足，购买厂房可能会导致直接破产。

4．折旧

第四季度折旧操作界面如图 3-55 所示。

◆操作要领：看清操作界面，单击"提交"按钮，再单击"返回"按钮。

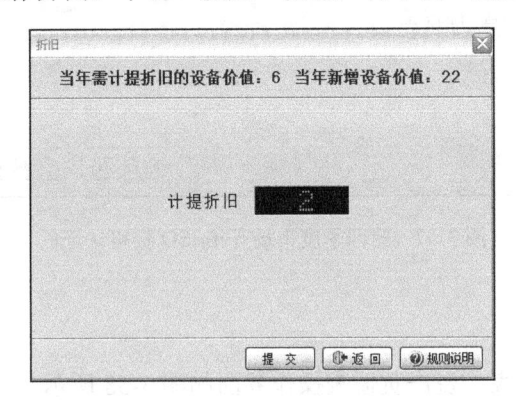

图 3-55　第四季度折旧

5．市场开拓/ISO 资格认证

第四季度市场开拓/ISO 资格认证前操作界面如图 3-56 所示。

◆操作要领：假定我们要开拓所有市场，认证所有的管理体系，只需在所有的复选框中单击打钩即可。选中后单击"投资"按钮，再单击"返回"按钮。现金由"82"变为"76"。操作完成后，你会发现"市场开拓"区域变暗，意味着不需要再开发了，下一年可以在区域市场上投放广告、拿订单。市场开拓/ISO 资格认证后的界面如图 3-57 所示。

当然，在以后的操作中，可根据资金的多少有选择地进行市场开拓或管理体系认证。

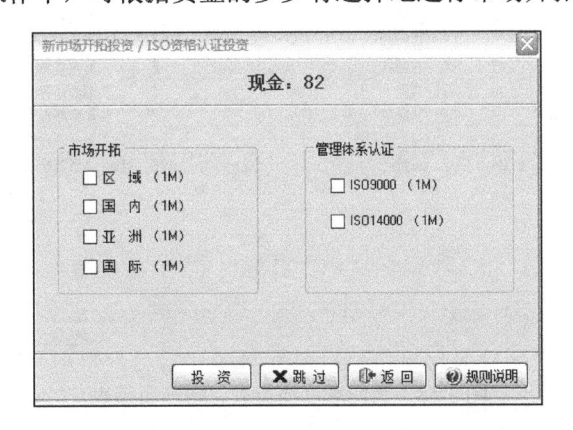

图 3-56　第四季度市场开拓/ISO 资格认证前

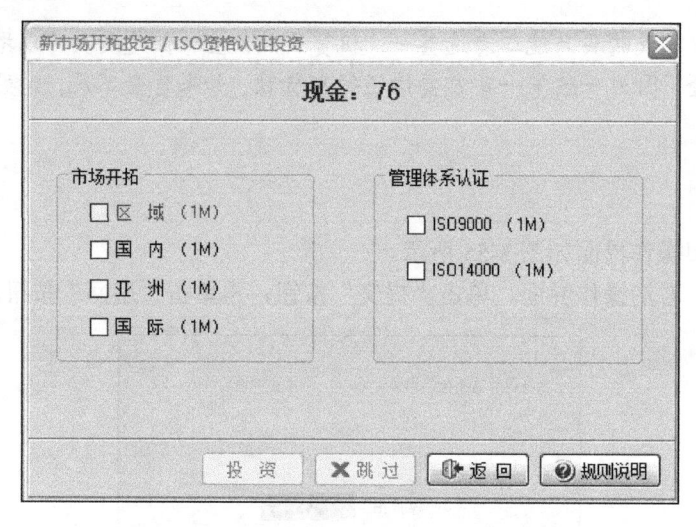

图 3-57　第四季度市场开拓/ISO 资格认证后

6．关账

第四季度关账后损益表、资产负债表操作界面如图 3-58 所示。

◆操作要领：单击"关账"按钮，界面上出现你这一年的损益表和资产负债表。再单击"返回"按钮，意味着你顺利结束本年度的模拟运营。单击"得分规则"按钮，看看分数你是否满意。各组积分计算原则如图 3-59 所示。

得分：64

损益表				资产负债表							
项目	关系表达式	上年值	当年值	项目	关系表达式	上年值	当年值	项目	关系表达式	上年值	当年值
销售	+	36	30	固定资产				负债			
直接成本	-	-14	-12	土地和建筑	+	32	32	长期负债	+	40	60
毛利	=	22	18	机器和设备（含在建工程）	+	10	26	短期负债	+	0	80
综合费用	-	-9	-28	总固定资产	=	42	58	应付款	+	0	0
折旧前利润	=	13	-10	流动资产				应交税	+	2	0
折旧	-	-5	-4	现金	+	20	76	总负债	=	42	140
支付利息前利润	=	8	-14	应收款	+	18	30	权益			
财务收入/支出	-	-2	-4	在制品	+	8	2	股东资本	+	45	45
额外收入/支出	+/-	0	0	成品	+	8	8	利润留存	+	9	13
税前利润	=	6	-18	原料	+	4	6	年度净利	+	4	-18
所得税	-	-2	0	总流动资产	=	58	122	所有者权益	=	58	40
净利润	=	4	-18	总资产	=	100	180	负债加权益	=	100	180

图 3-58　第四季度损益表、资产负债表

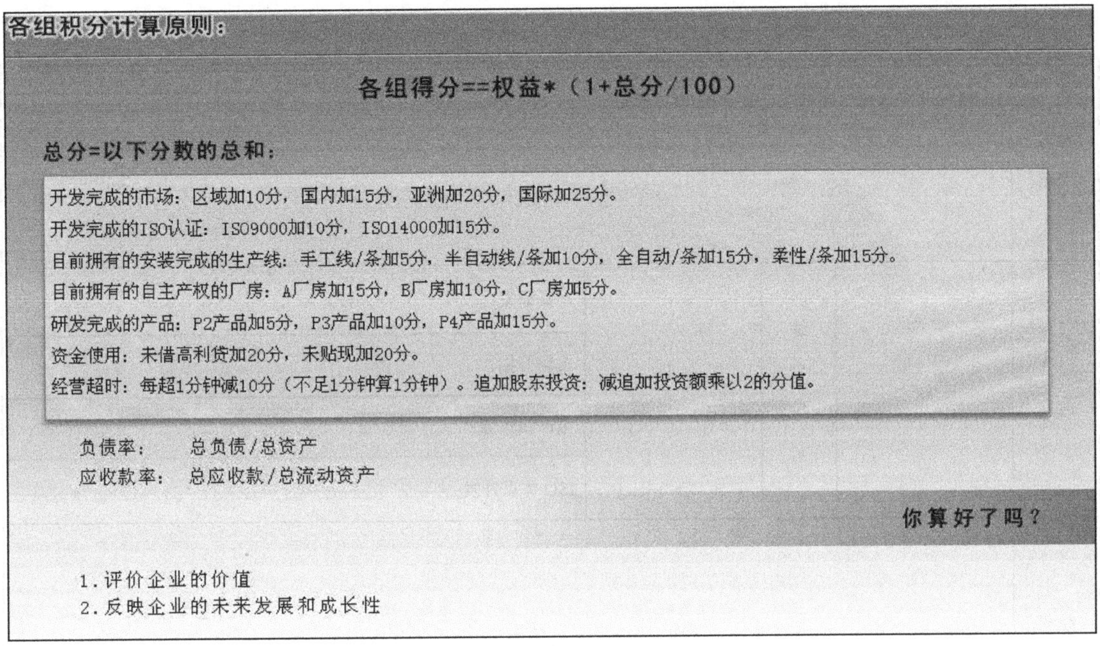

```
各组积分计算原则：

            各组得分==权益*（1+总分/100）

  总分=以下分数的总和：

  开发完成的市场：区域加10分，国内加15分，亚洲加20分，国际加25分。
  开发完成的ISO认证：ISO9000加10分，ISO14000加15分。
  目前拥有的安装完成的生产线：手工线/条加5分，半自动线/条加10分，全自动/条加15分，柔性/条加15分。
  目前拥有的自主产权的厂房：A厂房加15分，B厂房加10分，C厂房加5分。
  研发完成的产品：P2产品加5分，P3产品加10分，P4产品加15分。
  资金使用：未借高利贷加20分，未贴现加20分。
  经营超时：每超1分钟减10分（不足1分钟算1分钟）。追加股东投资：减追加投资额乘以2的分值。

  负债率：    总负债/总资产
  应收款率：  总应收款/总流动资产
                                                          你算好了吗？

  1.评价企业的价值
  2.反映企业的未来发展和成长性
```

图 3-59　各组得分计算原则

如果你的操作界面和本书截图一致，表示你顺利过关。

请听老师指令，关闭所有学生机和教师机，由老师执行"初始化"命令，进入下一年度的模拟操作。接下来系统将不再中断，连续完成 6~8 年的模拟经营，看看谁的分值会更高。

你是一名优秀的 CEO 吗？让我们拭目以待。

3.7　运营情况及操作思路记录表

听老师指令，开始进行模拟经营实战。从这一阶段开始，大家要模拟经营 8 年，全程老师不再做任何提示，完全交给你们这些优秀的管理团队。待 8 年模拟经营操作完成后，我们根据大家的表现选出优秀的 CEO 及优秀的市场总监、财务总监、生产总监和物流总监。究竟谁是真正的英雄，让我们拭目以待。

操作教师机客户端的同学，确认各组是否都关账。关账后在系统中执行"允许下一年"命令，大家就可以继续模拟经营了。

请大家务必填写操作思路记录表（见表 3-1~表 3-8），以便老师帮你解析盘面，查找差距，这也是实训考核加分的一个指标。

1. 第一年沙盘模拟经营情况及操作思路记录表（见表3-1）

表3-1　第一年沙盘模拟经营情况及操作思路记录表

经营思路	（用20～30字概括经营思路与指导方针）				
经营成绩		综合排名		产品研发：	
				市场开拓：	
				生产线条数：	
				ISO体系开发：	
经营反思	（用50～60字总结）				
成功					
失误					
调整					

2. 第二年沙盘模拟经营情况及操作思路记录表（见表3-2）

表3-2　第二年沙盘模拟经营情况及操作思路记录表

经营思路	（用20~30字概括经营思路与指导方针）				
经营成绩		综合排名		产品研发：	
				市场开拓：	
				生产线条数：	
				ISO体系开发：	
经营反思	（用50~60字总结）				
成功					
失误					
调整					

3. 第三年沙盘模拟经营情况及操作思路记录表（见表3-3）

表3-3　第三年沙盘模拟经营情况及操作思路记录表

经营思路	（用20~30字概括经营思路与指导方针）				
经营成绩		综合排名		产品研发：	
				市场开拓：	
				生产线条数：	
				ISO体系开发：	
经营反思	（用50~60字总结）				
成功					
失误					
调整					

4. 第四年沙盘模拟经营情况及操作思路记录表（见表 3-4）

表 3-4 第四年沙盘模拟经营情况及操作思路记录表

经营思路	（用 20～30 字概括经营思路与指导方针）				
经营成绩		综合排名		产品研发：	
				市场开拓：	
				生产线条数：	
				ISO 体系开发：	
经营反思	（用 50～60 字总结）				
成功					
失误					
调整					

5. 第五年沙盘模拟经营情况及操作思路记录表（见表 3-5）

表 3-5　第五年沙盘模拟经营情况及操作思路记录表

经营思路	（用 20~30 字概括经营思路与指导方针）			
经营成绩		综合排名		产品研发：
				市场开拓：
				生产线条数：
				ISO 体系开发：
经营反思	（用 50~60 字总结）			
成功				
失误				
调整				

6. 第六年沙盘模拟经营情况及操作思路记录表（见表3-6）

表3-6 第六年沙盘模拟经营情况及操作思路记录表

经营思路	（用20~30字概括经营思路与指导方针）				
经营成绩		综合排名		产品研发：	
				市场开拓：	
				生产线条数：	
				ISO体系开发：	
经营反思	（用50~60字总结）				
成功					
失误					
调整					

7. 第七年沙盘模拟经营情况及操作思路记录表（见表 3-7）

表 3-7　第七年沙盘模拟经营情况及操作思路记录表

经营思路	（用 20～30 字概括经营思路与指导方针）				
经营成绩		综合排名		产品研发：	
				市场开拓：	
				生产线条数：	
				ISO 体系开发：	
经营反思	（用 50～60 字总结）				
成功					
失误					
调整					

8. 第八年沙盘模拟经营情况及操作思路记录表（见表 3-8）

表 3-8　第八年沙盘模拟经营情况及操作思路记录表

经营思路	（用 20～30 字概括经营思路与指导方针）			
经营成绩		综合排名		产品研发：
				市场开拓：
				生产线条数：
				ISO 体系开发：
经营反思	（用 50～60 字总结）			
成功				
失误				
调整				

模块 4

沙盘解密篇

沙盘看似简单，但真正能把模拟公司运营好也不是一件轻松的事情。比如花 5M 拿到了总价 26M 的 P2 产品订单，该订单产品数量 5 个（单价 3M），那么这个订单你到底赚了多少钱？表面来看你的毛利是 6M，即 26−（3×5）−5=6，但这里你没计算研发成本。究竟投多少广告合适，不仅考察你的市场观察能力，也考察你单位成本核算的能力。为此，本书特意截取了 1~6 年的全部产品订单，通过订单解密来提升模拟经营技巧。所谓的规则就是别人不知道的你要清楚，这样才知道在某个市场上投多少广告是最划算的，投多了浪费，投少了根本拿不到订单。

ITMC 模拟系统可以选择不同的组数模式：6 组、8 组、10 组和 12 组，本模块仅列出 12 组模式的订单。基于系统设置的原理，加上模拟情境仿真教学的需要，实际模拟运营的订单会有微小变化，本模块订单仅供参考。

4.1 第一年产品订单

1. 第一年本地市场 P1 产品订单

▲沙盘解密：第一年本地市场 P1 产品订单有 12 个，金额最大为 32M，如图 4-1 所示。

单号	产品	市场	数量	单价	金额	帐期	条件
B01P101/1200 P1	P1	本地	3	5	15	3	
B01P102/12/R P1	P1	本地	5	4.7	24	3	
B01P103/12/R P1	P1	本地	3	5.2	16	3	
B01P104/12/R P1	P1	本地	1	5	5	2	
B01P105/1200 P1	P1	本地	1	5	5	0	
B01P106/1200 P1	P1	本地	4	4.8	19	2	
B01P107/1200 P1	P1	本地	6	5.3	32	2	
B01P108/1200 P1	P1	本地	2	5.5	11	2	
B01P109/1200 P1	P1	本地	5	4.6	23	1	
B01P110/12/R P1	P1	本地	7	4.5	32	2	
B01P111/12/R P1	P1	本地	2	5.3	11	4	
B01P112/12/R P1	P1	本地	3	5	15	2	

图 4-1　第一年本地市场 P1 产品订单

2. 第一年本地市场 P1 产品统计表

▲沙盘解密：第一年本地市场 P1 产品最大金额、最小金额、单价等信息如表 4-1 所示。

表 4-1　第一年本地市场 P1 产品订单信息统计表

产品	市场	最大金额(M)	最小金额(M)	单价最高(M)	单价最低(M)	数量最大(个)	数量最小(个)	订单数量(个)	加急订单数量(个)
P1	本地	32	5	5.5	4.5	7	1	12	0

4.2　第二年产品订单

1. 第二年本地市场 P1 产品订单

▲沙盘解密：第二年 P1 产品订单有 12 个，金额最大为 26M，单价最高为 5.5M（加急订单），如图 4-2 所示。

单号	产品	市场	数量	单价	金额	帐期	条件
B02P101/12/R	P1	本地	2	5	10	4	
B02P102/1200	P1	本地	2	5.5	11	3	加急
B02P103/1200	P1	本地	4	4.5	18	2	
B02P104/1200	P1	本地	3	5	15	4	
B02P105/1200	P1	本地	5	4.6	23	3	
B02P106/12	P1	本地	6	4.3	26	2	
B02P107/12/R	P1	本地	4	4.4	18	2	
B02P108/12/R	P1	本地	3	4.6	14	2	
B02P109/12/R	P1	本地	3	5.3	16	4	
B02P110/12/R	P1	本地	1	5	5	0	
B02P111/1200	P1	本地	2	5	10	3	
B02P112/1200	P1	本地	4	4.3	17	2	

图 4-2　第二年本地市场 P1 产品订单

2. 第二年区域市场 P1 产品订单

▲沙盘解密：第二年区域市场 P1 产品订单有 6 个，金额最大为 14M，如图 4-3 所示。通过与本地市场产品订单相比较，广告与其投放区域市场，还不如投放本地市场。

单号	产品	市场	数量	单价	金额	帐期	条件
Q02P101/0600	P1	区域	2	4	8	4	
Q02P102/06/F	P1	区域	3	4.5	14	3	
Q02P103/06/F	P1	区域	1	4.8	5	1	
Q02P104/06/F	P1	区域	2	5	10	4	
Q02P105/0600	P1	区域	2	4.5	9	3	
Q02P106/0600	P1	区域	3	4.3	13	2	

图 4-3　第二年区域市场 P1 产品订单

3. 第二年本地市场 P2 产品订单

▲沙盘解密：第二年本地市场 P2 产品订单有 7 个，最大金额 18M，如图 4-4 所示。P2 产品最快在第二年度的第三个季度生产，即使你拿到了金额 18M 的订单，估计你也交不了货。另外，加急的订单你不能选，因为第一季度你的 P2 产品还没研发成功。

单号	产品	市场	数量	单价	金额	帐期	条件
B02P201/0700	P2	本地	2	6.5	13	4	
B02P202/0700	P2	本地	2	5.5	11	3	
B02P203/0700	P2	本地	1	6	6	0	
B02P204/0700	P2	本地	2	5.5	11	1	
B02P205/07/R	P2	本地	2	7.5	15	3	加急
B02P206/07/R	P2	本地	2	5.5	11	2	
B02P207/07/R	P2	本地	3	6	18	3	

图 4-4　第二年本地市场 P2 产品订单

4. 第二年区域市场 P2 产品订单

▲沙盘解密：第二年区域市场 P2 产品有 8 个订单，如图 4-5 所示。区域市场单价普遍比本地市场单价高，因此广告与其投放本地市场，还不如投放区域市场。

单号	产品	市场	数量	单价	金额	帐期	条件
Q02P201/0800	P2	区域	2	7.5	15	2	
Q02P202/0800	P2	区域	2	7	14	3	
Q02P203/08/F	P2	区域	3	6.7	20	3	
Q02P204/08/F	P2	区域	1	7	7	0	
Q02P205/08/F	P2	区域	2	7.5	15	1	加急
Q02P206/08/F	P2	区域	3	6	18	2	
Q02P207/0800	P2	区域	1	8	8	4	
Q02P208/0800	P2	区域	4	6.5	26	0	

图 4-5　第二年区域市场 P2 产品订单

5. 第二年本地市场 P3 产品订单

▲沙盘解密：第二年本地市场 P3 产品订单有 5 个，单价都大于 7M，如图 4-6 所示。所以，第二年你研发 P3 产品可能比研发 P2 产品好。如果大家都研发 P2 产品而只有你研发 P3 产品，那么意味着 P3 产品的市场都是你的了，你真的"发大财"了！

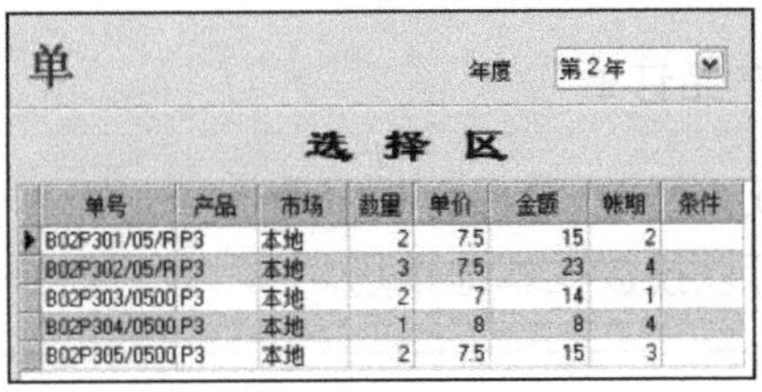

图 4-6　第二年本地市场 P3 产品订单

6. 第二年区域市场 P3 产品订单

▲沙盘解密：第二年区域市场 P3 产品没有订单，请不要投放广告。

7. 第二年产品订单汇总表

▲沙盘解密：通过第二年产品订单汇总你会发现，很多广告不该投放。想想市场竞争，就知道自己哪里投错了。产品订单汇总如表 4-2 所示。

表 4-2　第二年产品订单信息汇总表

产品	市场	最大金额（M）	最小金额（M）	单价最高（M）	单价最低（M）	数量最大（个）	数量最小（个）	订单数量（个）	加急订单数量（个）
P1	本地	26	5	5.5	4.3	6	1	12	1
P1	区域	14	5	5	4	3	1	6	0
P2	本地	18	6	7.5	5.5	3	1	7	1
P2	区域	26	7	8	6	4	1	8	1
P3	本地	23	8	8	7	3	1	5	0

4.3　第三年产品订单

1. 第三年本地市场 P1 产品订单

▲沙盘解密：第三年本地市场 P1 产品订单有 10 个，金额最大为 23M，加急订单有 2 个，如图 4-7 所示。模拟经营至第三年，其他产品的价格都比较高，你要么抢占低端市场，要么奔着高端产品路线走。

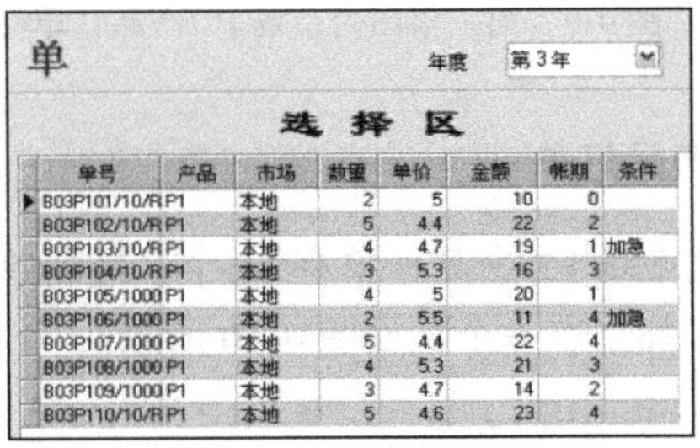

图 4-7　第三年本地市场 P1 产品

2. 第三年区域市场 P1 产品订单

▲沙盘解密：第三年区域市场 P1 产品订单只有 5 个，而且都是小订单，如图 4-8 所示。如果想节约广告成本，广告可以投放在本地市场。

单号	产品	市场	数量	单价	金额	帐期	条件
Q03P101/050C	P1	区域	1	5	5	4	
Q03P102/050C	P1	区域	1	5	5	1	加急
Q03P103/050C	P1	区域	2	4.5	9	3	
Q03P104/05/F	P1	区域	2	4.5	9	2	
Q03P105/05/F	P1	区域	2	5	10	3	

图 4-8　第三年区域市场 P1 产品订单

3. 第三年国内市场 P1 产品订单

▲沙盘解密：第三年国内市场 P1 产品订单有 10 个，单价、数量和本地市场比较接近，最大数量只有 4 个，如图 4-9 所示。如果你 P1 产品数量库存较多，可以在国内市场投放 1M 的广告，也许会捡个便宜。

单号	产品	市场	数量	单价	金额	帐期	条件
C03P101/10/R	P1	国内	1	5	5	0	
C03P102/10/R	P1	国内	2	5.5	11	3	
C03P103/10/R	P1	国内	4	4.8	19	3	加急
C03P104/1000	P1	国内	1	5	5	0	加急
C03P105/1000	P1	国内	3	5.3	16	4	
C03P106/1000	P1	国内	3	4.7	14	2	
C03P107/1000	P1	国内	4	4.5	18	3	
C03P108/1000	P1	国内	2	5	10	4	
C03P109/10/R	P1	国内	3	4.7	14	1	
C03P110/10/R	P1	国内	3	4.9	15	2	

图 4-9　第三年国内市场 P1 产品订单

4. 第三年本地市场 P2 产品订单

▲沙盘解密：第三年本地市场 P2 产品订单有 10 个，最高单价是 9M，一个是加急的，另一个是正常条件的，但数量却都只有 1 个，如图 4-10 所示。

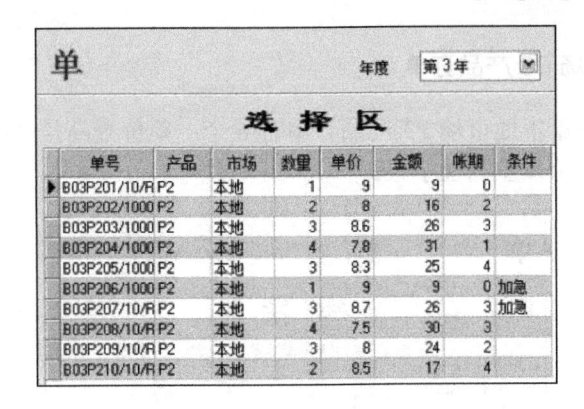

图 4-10　第三年本地市场 P2 产品订单

5. 第三年区域市场 P2 产品订单

▲沙盘解密：第三年区域市场 P2 产品订单有 6 个，总体单价略低于本地市场，如图 4-11 所示。因此，广告投放本地市场相对比投放区域市场划算。

图 4-11　第三年区域市场 P2 产品订单

6. 第三年国内市场 P2 产品订单

▲沙盘解密：第三年国内市场 P2 产品订单有 9 个，单价最高 9M 的订单有 3 个，如图 4-12 所示。所以广告投放国内市场也比投放区域市场好。

图 4-12　第三年国内市场 P2 产品订单

7. 第三年本地市场 P3 产品订单

▲沙盘解密：第三年本地市场 P3 产品订单有 6 个，单价最高是 7.8M，如图 4-13 所示。因为数量都不大，因此总体盈利性不强。

单号	产品	市场	数量	单价	金额	帐期	条件
B03P301/06/R	P3	本地	2	7.5	15	3	
B03P302/06/R	P3	本地	3	7.4	22	4	
B03P303/06/R	P3	本地	1	7.8	8	2	
B03P304/0600	P3	本地	2	7	14	2	
B03P305/0600	P3	本地	2	7.5	15	4	
B03P306/0600	P3	本地	3	7	21	3	

图 4-13　第三年本地市场 P3 产品订单

8. 第三年区域市场 P3 产品订单

▲沙盘解密：第三年区域市场 P3 产品订单有 6 个，单价最高是 9M，如图 4-14 所示。尽管数量不多，但总体均价却高于本地市场。

单号	产品	市场	数量	单价	金额	帐期	条件
Q03P301/0600	P3	区域	2	7.5	15	1	
Q03P302/0600	P3	区域	1	8	8	3	
Q03P303/06/F	P3	区域	1	8	8	3	
Q03P304/06/F	P3	区域	2	8	16	2	
Q03P305/06/F	P3	区域	2	8	16	3	
Q03P306/0600	P3	区域	1	9	9	4	

图 4-14　第三年区域市场 P3 产品订单

9. 第三年国内市场 P3 产品订单

▲沙盘解密：第三年国内市场 P3 产品订单有 5 个，单价最高才 8.5M，如图 4-15 所示。虽然订单数量和区域市场相差不大，但订单金额明显好于本地市场。

单号	产品	市场	数量	单价	金额	帐期	条件
C03P301/0500	P3	国内	3	7.7	23	1	
C03P302/0500	P3	国内	1	8	8	2	
C03P303/05/R	P3	国内	2	8	16	3	
C03P304/05/R	P3	国内	3	8	24	4	
C03P305/0500	P3	国内	2	8.5	17	4	

图 4-15　第三年国内市场 P3 产品订单

10．第三年产品订单信息统计

▲沙盘解密：不同市场，产品订单最大金额、最小金额、最大数量、最小数量等信息也不尽相同，详细情况如表 4-3 所示。

表 4-3　第三年订单信息统计表

产品	市场	最大金额（M）	最小金额（M）	单价最高（M）	单价最低（M）	数量最大（个）	数量最小（个）	订单数量（个）	加急订单数量（个）
P1	本地	23	10	5.5	4.4	5	2	10	2
P1	区域	10	5	5	4.5	2	1	5	1
P1	国内	19	5	5.5	4.5	4	1	10	2
P2	本地	31	9	9	7.5	4	1	10	2
P2	区域	23	8	8.5	7.7	3	1	6	2
P2	国内	30	8	9	7.5	4	1	9	1
P3	本地	22	8	7.8	7	3	1	6	0
P3	区域	16	8	9	7.5	2	1	6	0
P3	国内	24	8	8.5	7.7	3	1	5	0

4.4　第四年产品订单

1．第四年本地市场 P1 产品订单

▲沙盘解密：第四年本地市场 P1 产品订单有 12 个，最大金额为 22M，如图 4-16 所示。意味着广告投得多的组会有 2～3 个订单。订单选择的时候不能只看单价，还要看产能和金额的大小。

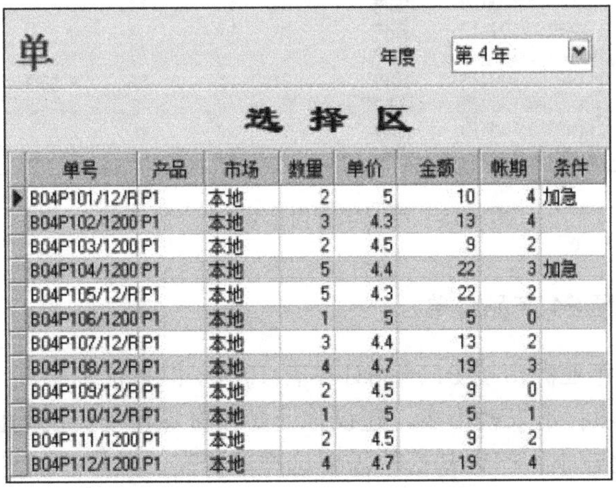
单　年度 第4年

选 择 区

单号	产品	市场	数量	单价	金额	帐期	条件
B04P101/12/R	P1	本地	2	5	10	4	加急
B04P102/1200	P1	本地	3	4.3	13	4	
B04P103/1200	P1	本地	2	4.5	9	2	
B04P104/1200	P1	本地	5	4.4	22	3	加急
B04P105/12/R	P1	本地	5	4.3	22	2	
B04P106/1200	P1	本地	1	5	5	0	
B04P107/12/R	P1	本地	3	4.4	13	2	
B04P108/12/R	P1	本地	4	4.7	19	3	
B04P109/12/R	P1	本地	2	4.5	9	0	
B04P110/12/R	P1	本地	1	5	5	1	
B04P111/1200	P1	本地	2	4.5	9	2	
B04P112/1200	P1	本地	4	4.7	19	4	

图 4-16　第四年本地市场 P1 产品订单

2. 第四年区域市场 P1 产品订单

▲沙盘解密：第四年区域市场 P1 产品订单有 5 个，都是小订单，最大金额是 10M，如图 4-17 所示。

单号	产品	市场	数量	单价	金额	帐期	条件
Q04P101/050C	P1	区域	1	5	5	2	
Q04P102/050C	P1	区域	2	4.5	9	0	
Q04P103/050C	P1	区域	1	5	5	4	
Q04P104/05/F	P1	区域	2	4.5	9	2	
Q04P105/05/F	P1	区域	2	5	10	4	

图 4-17　第四年区域市场 P1 产品订单

3. 第四年国内市场 P1 产品订单

▲沙盘解密：第四年国内市场 P1 产品订单有 10 个，最大金额是 17M，但需要加急，如图 4-18 所示。如果你的库存 P1 产品比较多，对你而言选择本地市场最好。与区域市场相比，广告投放国内市场略好于投放区域市场。

单号	产品	市场	数量	单价	金额	帐期	条件
C04P101/10/R	P1	国内	1	4	4	0	
C04P102/10/R	P1	国内	2	4.5	9	3	
C04P103/10/R	P1	国内	4	4.3	17	4	加急
C04P104/1000	P1	国内	3	4.3	13	2	
C04P105/1000	P1	国内	2	4.5	9	3	
C04P106/1000	P1	国内	4	4	16	1	
C04P107/1000	P1	国内	2	5	10	4	加急
C04P108/1000	P1	国内	2	4	8	3	
C04P109/10/R	P1	国内	3	3.7	11	2	
C04P110/10/R	P1	国内	3	4.4	13	2	

图 4-18　第四年国内市场 P1 产品订单

4. 第四年亚洲市场 P1 产品订单

▲沙盘解密：第四年亚洲市场 P1 产品订单有 10 个，但单价都不高，最高为 5M，如图 4-19 所示。如果你 P1 产品库存本来就不多，建议你还是投区域市场。因为区域市场订单的单价相对较高，尽管数量都比较小，但你却恰恰需要这样单价高、数量小的订单。

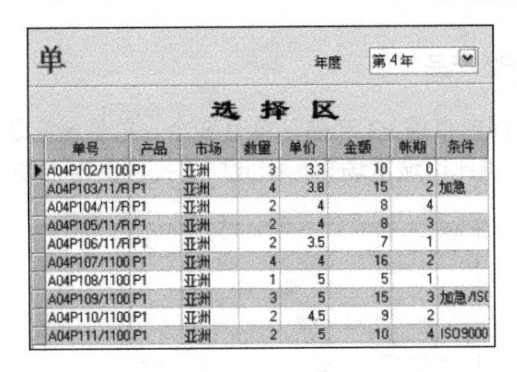

图 4-19　第四年亚洲市场 P1 产品订单

5. 第四年本地市场 P2 产品订单

▲沙盘解密：第四年本地市场 P2 产品订单有 10 个，平均单价接近 9M，如图 4-20 所示。如果手里有 P2 产品的库存，可以考虑加急的订单，毕竟单价高，别人也抢不走，你只需要投放 1M 的广告就能抢到订单。

图 4-20　第四年本地市场 P2 产品订单

6. 第四年区域市场 P2 产品订单

▲沙盘解密：第四年区域市场 P2 产品订单有 7 个，最大金额为 30M，限制条件是需要 ISO9000 体系认证，单价最高（7.7M）的订单是加急的，如图 4-21 所示。

图 4-21　第四年区域市场 P2 产品订单

7. 第四年国内市场 P2 产品订单

▲沙盘解密：第四年国内市场 P2 产品订单有 8 个，单价最高是 9M，数量只有 2 个，如图 4-22 所示。由于单价普遍比区域市场高，因此广告投放国内市场比区域市场更划算。

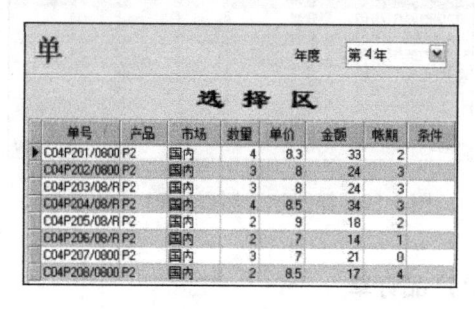

图 4-22　第四年国内市场 P2 产品订单

8. 第四年亚洲市场 P2 产品订单

▲沙盘解密：第四年亚洲市场 P2 产品订单有 9 个，但单价低于国内市场，金额最大的才 28M，而且有 ISO9000 体系认证的限制，如图 4-23 所示。

图 4-23　第四年亚洲市场 P2 产品订单

9. 第四年本地市场 P3 产品订单

▲沙盘解密：第四年本地市场 P3 产品订单有 6 个，金额最大为 27M，限制条件为 ISO9000 体系认证，数量有 3 个，如图 4-24 所示。

图 4-24　第四年本地市场 P3 产品订单

10. 第四年区域市场 P3 产品订单

▲沙盘解密：第四年区域市场 P3 产品订单有 6 个，单价普遍低于本地市场，如图 4-25 所示。因此同等条件下，广告选投本地市场比较划算。

单号	产品	市场	数量	单价	金额	帐期	条件
Q04P301/060C	P3	区域	3	7.6	23	2	
Q04P302/060C	P3	区域	2	8	16	3	
Q04P303/06/F	P3	区域	1	8	8	2	
Q04P304/06/F	P3	区域	2	7.6	15	2	
Q04P305/06/F	P3	区域	3	8.3	25	2	
Q04P306/060C	P3	区域	2	8.5	17	4	

图 4-25　第四年区域市场 P3 产品订单

11. 第四年国内市场 P3 产品订单

▲沙盘解密：第四年国内市场 P3 产品订单有 5 个，但都是小订单，最大金额才 17M，如图 4-26 所示。除非库存商品特别多，否则广告投放国内市场并不划算。

单号	产品	市场	数量	单价	金额	帐期	条件
C04P301/0500	P3	国内	1	9	9	2	加急
C04P302/0500	P3	国内	2	8.5	17	4	
C04P303/05/R	P3	国内	2	7	14	2	
C04P304/05/R	P3	国内	2	8.5	17	3	加急
C04P305/0500	P3	国内	1	8	8	0	

图 4-26　第四年国内市场 P3 产品订单

12. 第四年亚洲市场 P3 产品订单

▲沙盘解密：第四年亚洲市场 P3 产品订单有 6 个，单价最高为 10M，如图 4-27 所示。亚洲市场 P3 产品的单价明显高于区域市场和国内市场。

单号	产品	市场	数量	单价	金额	帐期	条件
A04P301/0600	P3	亚洲	4	8	32	0	
A04P302/0600	P3	亚洲	1	9	9	4	
A04P303/06/R	P3	亚洲	2	8.5	17	2	
A04P304/06/R	P3	亚洲	2	10	20	2	ISO9000
A04P305/06/R	P3	亚洲	3	8	24	5	
A04P306/0600	P3	亚洲	2	10	20	2	加急

图 4-27　第四年亚洲市场 P3 产品订单

13. 第四年区域市场 P4 产品订单

▲沙盘解密：第四年区域市场 P4 产品订单仅有 3 个，最高单价才 9M，如图 4-28 所示。说明市场对 P4 产品的需求还较少。

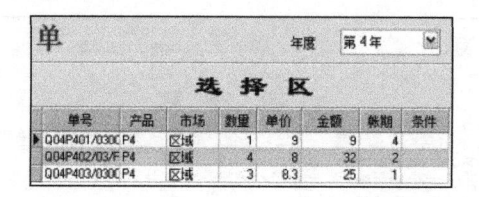

图 4-28　第四年区域市场 P4 产品订单

14. 第四年国内市场 P4 产品订单

▲沙盘解密：第四年国内市场 P4 产品没有订单，请不要投放广告。

15. 第四年亚洲市场 P4 产品订单

▲沙盘解密：第四年亚洲市场 P4 产品没有订单，请不要投放广告。

16. 第四年订单信息统计

▲沙盘解密：不是市场级别越高，订单金额就越大。认真看清市场趋势，这才是决胜的关键。第四年订单信息统计如表 4-4 所示。

表 4-4　第四年订单信息统计表

产品	市场	最大金额 (M)	最小金额 (M)	单价最高 (M)	单价最低 (M)	数量最大 (个)	数量最小 (个)	订单数量 (个)	加急订单数量 (个)
P1	本地	22	5	5	4.3	5	1	12	2
P1	区域	10	5	5	4.5	2	1	5	0
P1	国内	17	4	5	3.7	4	1	10	2
P1	亚洲	16	5	5	3.3	4	1	10	2
P2	本地	34	17	9.4	8.5	4	2	10	2
P2	区域	30	7	7.7	7	4	1	7	2
P2	国内	34	14	9	7	4	2	8	0
P2	亚洲	28	6	7.3	5.5	4	1	9	1
P3	本地	27	9	9	7.5	3	1	6	1
P3	区域	25	8	8.5	7.6	3	1	6	0
P3	国内	17	8	9	7	2	1	5	2
P3	亚洲	32	9	10	8	4	1	6	1
P4	区域	32	9	9	8	4	1	3	0

4.5 第五年产品订单

1. 第五年本地市场 P1 产品订单

▲沙盘解密：第五年本地市场 P1 产品订单有 8 个，单价平均才 4M，如图 4-29 所示。意味着模拟经营越往后，P1 产品越不值钱。

单号	产品	市场	数量	单价	金额	帐期	条件
B05P101/08/R	P1	本地	4	4.3	17	3	
B05P102/0800	P1	本地	3	3.3	10	0	
B05P103/0800	P1	本地	2	4.5	9	4	
B05P104/0800	P1	本地	2	4	8	2	
B05P105/08/R	P1	本地	3	3.3	10	2	
B05P106/0800	P1	本地	4	3.5	14	1	
B05P107/08/R	P1	本地	2	5	10	4	加急
B05P108/08/R	P1	本地	2	4	8	2	

图 4-29　第五年本地市场 P1 产品订单

2. 第五年区域市场 P1 产品订单

▲沙盘解密：第五年区域市场 P1 产品订单有 6 个，如图 4-30 所示。P1 产品的整体价格高于本地市场，但都是小订单。

单号	产品	市场	数量	单价	金额	帐期	条件
Q05P101/0600	P1	区域	1	5	5	2	加急
Q05P102/0600	P1	区域	2	4.5	9	1	
Q05P103/0600	P1	区域	1	5	5	4	
Q05P104/06/F	P1	区域	2	5	10	3	
Q05P105/06/F	P1	区域	1	5	5	2	加急
Q05P106/06/F	P1	区域	1	5	5	4	

图 4-30　第五年区域市场 P1 产品订单

3. 第五年国内市场 P1 产品订单

▲沙盘解密：第五年国内市场 P1 产品订单有 6 个，单价比区域市场低，如图 4-31 所示。

单　年度 第5年

选择区

单号	产品	市场	数量	单价	金额	帐期	条件
C05P101/0600	P1	国内	4	4	16	4	
C05P102/0600	P1	国内	2	4.5	9	3	加急
C05P103/0600	P1	国内	3	3.7	11	1	
C05P104/06/R	P1	国内	4	3.5	14	3	
C05P105/06/R	P1	国内	3	4.3	13	2	
C05P106/06/R	P1	国内	2	4.5	9	3	加急

图 4-31　第五年国内市场 P1 产品订单

4．第五年亚洲市场 P1 产品订单

▲沙盘解密：第五年亚洲市场 P1 产品订单有 8 个，如图 4-32 所示。单价比国内市场低，因此广告投放该市场也不划算。

单　年度 第5年

选择区

单号	产品	市场	数量	单价	金额	帐期	条件
A05P101/0800	P1	亚洲	3	3.3	10	3	
A05P102/0800	P1	亚洲	5	4	20	2	ISO9000
A05P103/0800	P1	亚洲	1	4	4	4	
A05P104/0800	P1	亚洲	2	3.5	7	1	
A05P105/08/R	P1	亚洲	3	3.3	10	2	
A05P106/08/R	P1	亚洲	4	3.7	15	4	加急
A05P107/08/R	P1	亚洲	2	3.5	7	3	
A05P108/08/R	P1	亚洲	2	4.5	9	2	ISO9000

图 4-32　第五年亚洲市场 P1 产品订单

5．第五年国际市场 P1 产品订单

▲沙盘解密：第五年国际市场 P1 产品订单有 12 个，如图 4-33 所示。单价金额都很高，因此广告投放国际市场是最划算的。

单　年度 第5年

选择区

单号	产品	市场	数量	单价	金额	帐期	条件
I05P101/12/R(	P1	国际	2	6.5	13	2	
I05P102/1200(	P1	国际	1	6	6	2	
I05P103/1200(	P1	国际	2	6	12	4	加急
I05P104/12/R(	P1	国际	6	5	30	3	
I05P105/12/R(	P1	国际	4	5.5	22	4	
I05P106/12/R(	P1	国际	3	6	18	3	
I05P107/12/R(	P1	国际	2	6	12	1	
I05P108/12/R(	P1	国际	1	5	5	0	
I05P109/1200(	P1	国际	3	5.3	16	1	
I05P110/1200(	P1	国际	5	5.6	28	3	
I05P111/1200(	P1	国际	2	5	10	0	
I05P112/1200(	P1	国际	5	5.4	27	2	

图 4-33　第五年国际市场 P1 产品订单

6. 第五年本地市场 P2 产品订单

▲沙盘解密：第五年本地市场 P2 产品订单有 10 个，平均单价约 8.3M，最大金额为 34M，如图 4-34 所示。

单　　年度 第5年

选 择 区

单号	产品	市场	数量	单价	金额	帐期	条件
B05P201/1000	P2	本地	4	8.3	33	2	
B05P202/1000	P2	本地	4	8.5	34	4	
B05P203/10/R	P2	本地	4	8.3	33	3	
B05P204/10/R	P2	本地	3	8.6	26	3	
B05P205/10/R	P2	本地	3	8	24	2	
B05P206/10/R	P2	本地	2	9	18	4	
B05P207/10/R	P2	本地	2	8.5	17	2	
B05P208/1000	P2	本地	3	8.6	26	3	
B05P209/1000	P2	本地	2	9	18	1	加急
B05P210/1000	P2	本地	1	8	8	0	

图 4-34　第五年本地市场 P2 产品订单

7. 第五年区域市场 P2 产品订单

▲沙盘解密：第五年区域市场 P2 产品订单有 6 个，最大金额为 26M，如图 4-35 所示。

单　　年度 第5年

选 择 区

单号	产品	市场	数量	单价	金额	帐期	条件
Q05P201/06/F	P2	区域	2	7.5	15	3	ISO9000
Q05P202/06/F	P2	区域	3	5.7	17	2	
Q05P203/06/F	P2	区域	2	6	12	1	加急
Q05P204/060C	P2	区域	4	6.5	26	3	ISO1400
Q05P205/060C	P2	区域	1	8	8	4	
Q05P206/060C	P2	区域	3	6.3	19	2	

图 4-35　第五年区域市场 P2 产品订单

8. 第五年国内市场 P2 产品订单

▲沙盘解密：第五年国内市场 P2 产品订单有 8 个，最大金额为 30M，如图 4-36 所示。平均单价高于区域市场。

单　　年度 第5年

选 择 区

单号	产品	市场	数量	单价	金额	帐期	条件
C05P201/0800	P2	国内	1	8	8	4	
C05P202/0800	P2	国内	4	7.5	30	2	
C05P203/08/R	P2	国内	2	7.5	15	3	
C05P204/08/R	P2	国内	4	6.2	25	2	
C05P205/08/R	P2	国内	3	7	21	1	
C05P206/08/R	P2	国内	2	8	16	4	
C05P207/0800	P2	国内	3	8	24	3	加急
C05P208/0800	P2	国内	3	7.3	22	1	

图 4-36　第五年国内市场 P2 产品订单

9. 第五年亚洲市场 P2 产品订单

▲沙盘解密：第五年亚洲市场 P2 产品订单有 10 个，最大金额才 24M，如图 4-37 所示。平均单价小于区域市场。

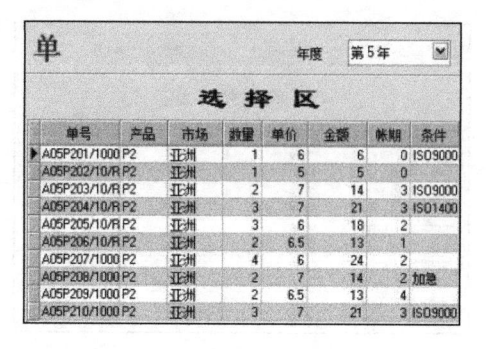

图 4-37　第五年亚洲市场 P2 产品订单

10. 第五年国际市场 P2 产品订单

▲沙盘解密：第五年国际市场 P2 产品订单有 5 个，最大金额为 21M，如图 4-38 所示。数量都是相对比较小的订单。

图 4-38　第五年国际市场 P2 产品订单

11. 第五年本地市场 P3 产品订单

▲沙盘解密：第五年本地市场 P3 产品订单有 8 个，最大金额为 34M，但单价却是最低的，如图 4-39 所示。

图 4-39　第五年本地市场 P3 产品订单

12. 第五年区域市场 P3 产品订单

▲沙盘解密：第五年区域市场 P3 产品订单有 8 个，最大金额为 28M，另有一个加急订单，如图 4-40 所示。

单号	产品	市场	数量	单价	金额	帐期	条件
Q05P301/0800	P3	区域	2	8.5	17	2	
Q05P302/0800	P3	区域	2	9	18	4	ISO9000
Q05P303/08/R	P3	区域	1	10	10	2	ISO1400
Q05P304/08/R	P3	区域	2	8	16	3	
Q05P305/08/R	P3	区域	3	9.3	28	4	ISO9000
Q05P306/08/R	P3	区域	1	8	8	1	
Q05P307/0800	P3	区域	1	10	10	4	加急
Q05P308/0800	P3	区域	2	9.5	19	3	ISO9000

图 4-40　第五年区域市场 P3 产品订单

13. 第五年国内市场 P3 产品订单

▲沙盘解密：第五年国内市场 P3 产品订单有 8 个，最大金额为 27M，限制条件为 ISO9000 体系认证，如图 4-41 所示。

单号	产品	市场	数量	单价	金额	帐期	条件
C05P301/0800	P3	国内	2	8.5	17	4	
C05P302/0800	P3	国内	3	7.7	23	3	
C05P303/08/R	P3	国内	1	8	8	2	
C05P304/08/R	P3	国内	2	7	14	2	
C05P305/08/R	P3	国内	3	9	27	4	ISO9000
C05P306/08/R	P3	国内	2	7.5	15	3	
C05P307/0800	P3	国内	2	7.5	15	3	
C05P308/0800	P3	国内	1	9	9	2	ISO1400

图 4-41　第五年国内市场 P3 产品订单

14. 第五年亚洲市场 P3 产品订单

▲沙盘解密：第五年亚洲市场 P3 产品订单有 6 个，最大金额为 36M，有 2 个单价最高 10M 的订单，其中一个需要加急，另一个需要 ISO9000 体系认证，如图 4-42 所示。

单号	产品	市场	数量	单价	金额	帐期	条件
A05P301/0600	P3	亚洲	4	9	36	3	ISO1400
A05P302/0600	P3	亚洲	2	10	20	4	加急
A05P303/06/R	P3	亚洲	2	8	16	1	
A05P304/06/R	P3	亚洲	3	8.7	26	2	
A05P305/06/R	P3	亚洲	3	10	30	3	ISO9000
A05P306/0600	P3	亚洲	2	8.5	17	2	

图 4-42　第五年亚洲市场 P3 产品订单

15．第五年国际市场 P3 产品订单

▲沙盘解密：第五年国际市场 P3 产品没有订单，不要投广告。

16．第五年本地市场 P4 产品订单

▲沙盘解密：第五年本地市场 P4 产品订单有 6 个，最大金额为 19M，如图 4-43 所示。订单数量整体偏小。

单号	产品	市场	数量	单价	金额	帐期	条件
B05P401/06/R	P4	本地	2	8	16	2	
B05P402/06/R	P4	本地	1	9	9	2	
B05P403/06/R	P4	本地	2	9.5	19	3	
B05P404/0600	P4	本地	1	9	9	1	
B05P405/0600	P4	本地	2	8.5	17	3	
B05P406/0600	P4	本地	2	8.5	17	2	

图 4-43　第五年本地市场 P4 产品订单

17．第五年区域市场 P4 产品订单

▲沙盘解密：第五年区域市场 P4 产品订单有 4 个，最大金额为 25M，排名第二的订单金额也有 19M，如图 4-44 所示。如果公司已经通过 ISO14000 体系认证，广告投放区域市场比较划算。

单号	产品	市场	数量	单价	金额	帐期	条件
Q05P401/0400	P4	区域	1	9	9	4	ISO1400
Q05P402/04/F	P4	区域	2	8.5	17	4	ISO1400
Q05P403/04/F	P4	区域	2	9.5	19	3	ISO1400
Q05P404/0400	P4	区域	3	8.3	25	2	ISO9000

图 4-44　第五年区域市场 P4 产品订单

18．第五年国内市场 P4 产品订单

▲沙盘解密：第五年国内市场 P4 产品订单有 3 个，如图 4-45 所示。均价略低于区域市场，相对而言广告投放区域市场比较划算。

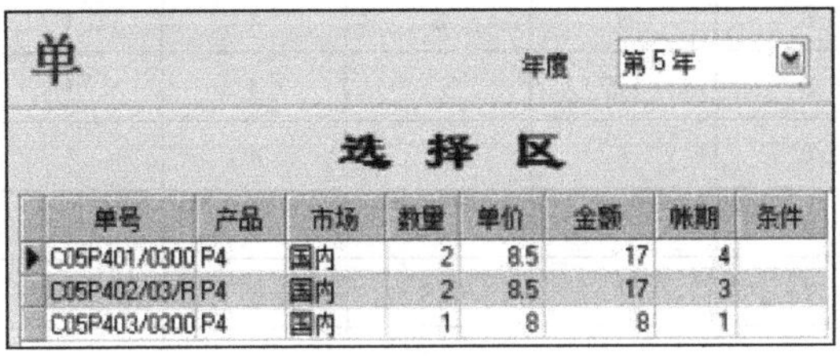

图 4-45　第五年国内市场 P4 产品订单

19．第五年亚洲市场 P4 产品订单

▲沙盘解密：第五年亚洲市场 P4 产品订单有 5 个，最高单价为 10M，有认证体系限制，如图 4-46 所示。

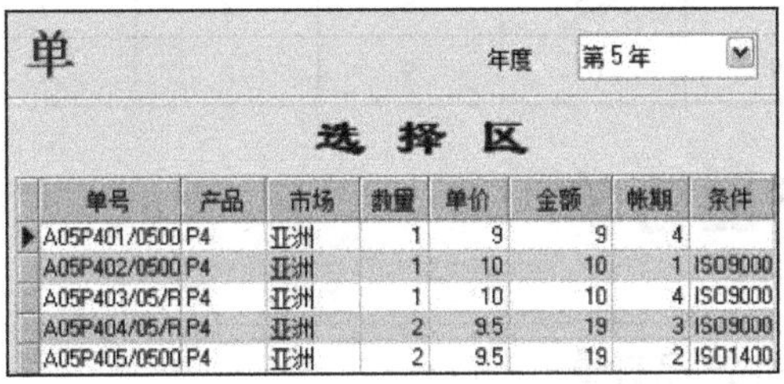

图 4-46　第五年亚洲市场 P4 产品订单

20．第五年国际市场 P4 产品订单

▲沙盘解密：第五年国际市场 P4 产品没有订单，请不要投放广告。

21．第五年订单信息统计

▲沙盘解密：第五年订单信息统计如表 4-5 所示。

表 4-5　第五年订单信息统计表

产品	市场	最大金额（M）	最小金额（M）	单价最高（M）	单价最低（M）	数量最大（个）	数量最小（个）	订单数量（个）	加急订单数量（个）
P1	本地	17	8	5	3.3	4	2	8	1
P1	区域	10	5	5	4.5	2	1	6	2
P1	国内	16	9	4.5	3.5	4	2	6	2
P1	亚洲	20	4	4.5	3.3	5	1	8	1

续表

产品	市场	最大金额（M）	最小金额（M）	单价最高（M）	单价最低（M）	数量最大（个）	数量最小（个）	订单数量（个）	加急订单数量（个）
P1	国际	30	5	6.5	5	6	1	12	1
P2	本地	34	8	9	8	4	1	10	1
P2	区域	26	8	7.5	5.7	4	1	6	1
P2	国内	30	8	8	6.2	4	1	8	1
P2	亚洲	24	5	7	5	4	1	10	1
P2	国际	21	7	7	6.5	3	1	5	1
P3	本地	34	8	9.7	7.5	4	1	8	1
P3	区域	28	8	10	8	3	1	8	1
P3	国内	27	8	9	7.5	3	1	8	0
P3	亚洲	36	16	10	8	4	2	6	1
P4	本地	19	9	9.5	8	2	1	6	0
P4	区域	25	9	9.5	8.3	3	1	4	0
P4	国内	17	8	8.5	8	2	1	3	0
P4	亚洲	19	9	10	9	2	1	5	0

4.6 第六年产品订单

1. 第六年本地市场 P1 产品订单

▲沙盘解密：第六年本地市场 P1 产品订单有 6 个，单价基本小于 4M，而且订单金额较小，最大的才 12M，如图 4-47 所示。

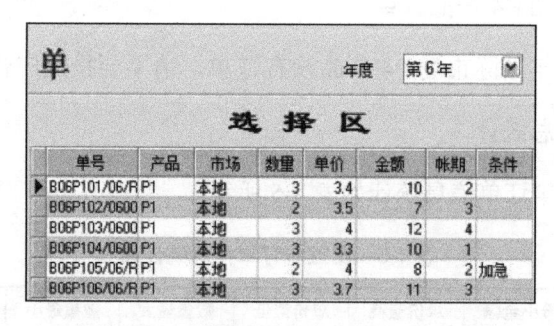

图 4-47 第六年本地市场 P1 产品订单

2. 第六年区域市场 P1 产品订单

▲沙盘解密：第六年区域市场 P1 产品订单有 5 个，如图 4-48 所示。区域市场 P1 产品的平均单价高于本地市场，但是订单的数量明显小于本地市场。

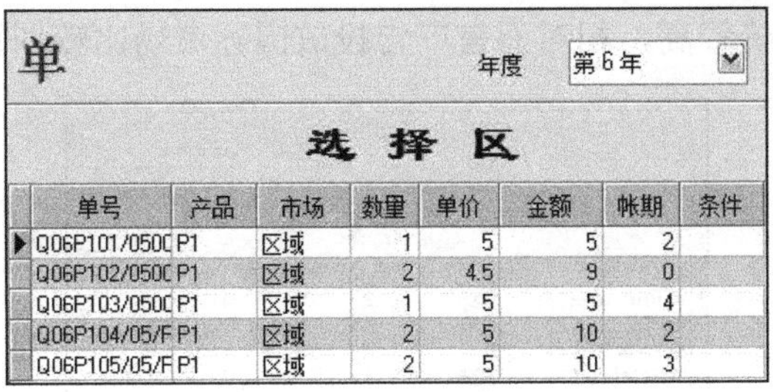

图 4-48　第六年区域市场 P1 产品订单

3. 第六年国内市场 P1 产品订单

▲沙盘解密：第六年国内市场 P1 产品订单有 6 个，如图 4-49 所示。国内市场 P1 产品的平均单价较低，明显低于区域市场。

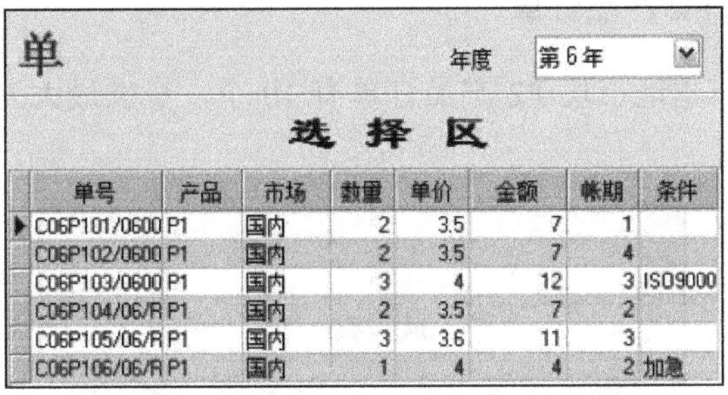

图 4-49　第六年国内市场 P1 产品订单

4. 第六年亚洲市场 P1 产品订单

▲沙盘解密：第六年亚洲市场 P1 产品订单有 7 个，如图 4-50 所示。亚洲市场 P1 产品订单金额整体比较少。有加急的订单，订单单价较低，才 4M。

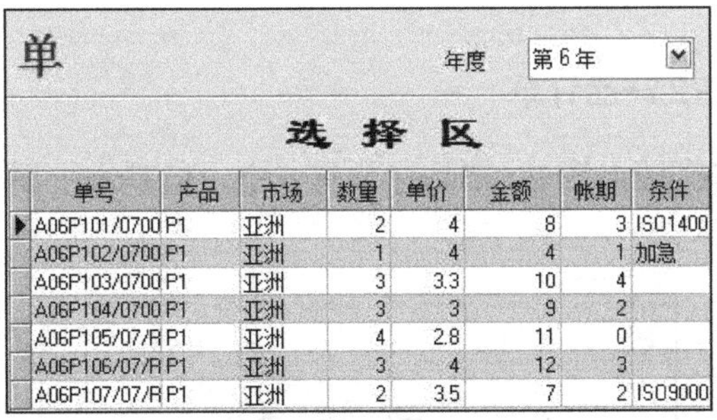

图 4-50　第六年亚洲市场 P1 产品订单

5. 第六年国际市场 P1 产品订单

▲沙盘解密：第六年国际市场 P1 产品订单有 12 个，金额最大为 24M，如图 4-51 所示。

国际市场 P1 产品整体单价较高，相对而言广告投放国际市场比较划算。

单号	产品	市场	数量	单价	金额	帐期	条件
I06P101/12/R	P1	国际	2	5.5	11	1	
I06P102/1200	P1	国际	2	6	12	2	
I06P103/1200	P1	国际	2	5.5	11	1	
I06P104/1200	P1	国际	3	6.3	19	4	
I06P105/12/R	P1	国际	3	6	18	3	
I06P106/12/R	P1	国际	2	6.5	13	4	
I06P107/12/R	P1	国际	4	6	24	3	
I06P108/12/R	P1	国际	1	6	6	2	
I06P109/12/R	P1	国际	3	5.4	16	2	
I06P110/1200	P1	国际	1	6	6	3	
I06P111/1200	P1	国际	4	5.5	22	2	
I06P112/1200	P1	国际	3	6.3	19	4	

图 4-51　第六年国际市场 P1 产品订单

6. 第六年本地市场 P2 产品订单

▲沙盘解密：第六年本地市场 P2 产品订单有 10 个，金额最大为 24M，有 1 个 6M 的加急订单，如图 4-52 所示。

单号	产品	市场	数量	单价	金额	帐期	条件
B06P201/10/R	P2	本地	1	6	6	0	加急
B06P202/1000	P2	本地	2	6	12	3	
B06P203/1000	P2	本地	3	5.7	17	1	
B06P204/1000	P2	本地	1	6	6	0	
B06P205/1000	P2	本地	2	6.5	13	4	
B06P206/1000	P2	本地	4	5.5	22	2	
B06P207/10/R	P2	本地	3	6.7	20	3	
B06P208/10/R	P2	本地	2	6	12	3	
B06P209/10/R	P2	本地	4	6	24	4	
B06P210/10/R	P2	本地	2	5.5	11	1	

图 4-52　第六年本地市场 P2 产品订单

7. 第六年区域市场 P2 产品订单

▲沙盘解密：第六年区域市场 P2 产品订单有 6 个，但基本上属于小订单，有 2 个加急订单，如图 4-53 所示。

单号	产品	市场	数量	单价	金额	帐期	条件
Q06P201/0600	P2	区域	2	6	12	2	ISO9000
Q06P202/0600	P2	区域	2	5.5	11	3	加急
Q06P203/0600	P2	区域	1	5	5	0	
Q06P204/06/F	P2	区域	2	6.5	13	3	ISO9000
Q06P205/06/F	P2	区域	1	6	6	2	加急
Q06P206/06/F	P2	区域	2	5.5	11	3	

图 4-53　第六年区域市场 P2 产品订单

8. 第六年国内市场 P2 产品订单

▲沙盘解密：第六年国内市场 P2 产品订单有 8 个，金额最大为 20M，加急订单有 1 个，如图 4-54 所示。如果从效益上考虑，广告投放国内市场比区域市场划算。

单号	产品	市场	数量	单价	金额	帐期	条件
C06P201/0800	P2	国内	3	6	18	4	
C06P202/0800	P2	国内	1	6	6	0	加急
C06P203/08/R	P2	国内	3	5.6	17	2	
C06P204/08/R	P2	国内	2	5.5	11	1	
C06P205/08/R	P2	国内	3	6	18	3	
C06P206/08/R	P2	国内	1	6	6	2	
C06P207/0800	P2	国内	2	5.5	11	2	
C06P208/0800	P2	国内	4	5	20	3	

图 4-54　第六年国内市场 P2 产品订单

9. 第六年亚洲市场 P2 产品订单

▲沙盘解密：第六年亚洲市场 P2 产品订单有 8 个，金额最大为 21M，但有 ISO9000 体系认证条件限制，如图 4-55 所示。

单号	产品	市场	数量	单价	金额	帐期	条件
A06P201/0800	P2	亚洲	1	6	6	0	加急
A06P202/0800	P2	亚洲	2	5.5	11	4	
A06P203/0800	P2	亚洲	3	7	21	3	ISO9000
A06P204/0800	P2	亚洲	3	5.7	17	2	
A06P205/08/R	P2	亚洲	2	5.5	11	2	
A06P206/08/R	P2	亚洲	3	6.7	20	3	ISO1400
A06P207/08/R	P2	亚洲	3	6.4	19	4	ISO9000
A06P208/08/R	P2	亚洲	1	5	5	0	

图 4-55　第六年亚洲市场 P2 产品订单

10. 第六年国际市场 P2 产品订单

▲沙盘解密：第六年国际市场 P2 产品订单有 8 个，金额最大为 21M，如图 4-56 所示。国际市场 P2 产品的平均单价却高于其他市场。如果你库存较少，可以考虑在国际市场投放广告。

图 4-56 第六年国际市场 P2 产品订单

11. 第六年本地市场 P3 产品订单

▲沙盘解密：第六年本地市场 P3 产品订单有 10 个，金额最大为 45M，但有 ISO9000 体系认证限制，平均单价为 9M，如图 4-57 所示。

图 4-57 第六年本地市场 P3 产品订单

12. 第六年区域市场 P3 产品订单

▲沙盘解密：第六年区域市场 P3 产品订单有 6 个，金额最大为 28M，有质量体系认证限制，如图 4-58 所示。

图 4-58 第六年区域市场 P3 产品订单

13．第六年国内市场 P3 产品订单

▲沙盘解密：第六年国内市场 P3 产品订单有 8 个，金额最大为 34M，但单价却是最低的，如图 4-59 所示。

图 4-59　第六年国内市场 P3 产品订单

14．第六年亚洲市场 P3 产品订单

▲沙盘解密：第六年亚洲市场 P3 产品订单有 8 个，金额最大为 40M，有 ISO9000 体系认证限制，如图 4-60 所示。

图 4-60　第六年亚洲市场 P3 产品订单

15．第六年国际市场 P3 产品订单

▲沙盘解密：第六年国际市场 P3 产品订单有 5 个，金额最大为 17M，如图 4-61 所示。除非库存较多，在该市场投放广告并不划算。

图 4-61　第六年国际市场 P3 产品订单

16. 第六年本地市场 P4 产品订单

▲沙盘解密：第六年本地市场 P4 产品订单有 7 个，金额最大为 27M，另有 1 个加急订单，如图 4-62 所示。

单号	产品	市场	数量	单价	金额	帐期	条件
B06P401/07/R	P4	本地	2	8.5	17	3	加急
B06P402/07/R	P4	本地	3	9	27	4	
B06P403/07/R	P4	本地	2	9	18	2	
B06P404/0700	P4	本地	3	8.3	25	1	ISO9000
B06P405/0700	P4	本地	2	9.5	19	4	
B06P406/0700	P4	本地	1	9	9	2	
B06P407/0700	P4	本地	1	9	9	0	ISO1400

图 4-62　第六年本地市场 P4 产品订单

17. 第六年区域市场 P4 产品订单

▲沙盘解密：第六年区域市场 P4 产品订单有 6 个，金额最大为 31M，另有 2 个加急订单，如图 4-63 所示。

单号	产品	市场	数量	单价	金额	帐期	条件
Q06P401/060C	P4	区域	2	9.5	19	2	
Q06P402/060C	P4	区域	3	10.3	31	4	ISO9000
Q06P403/06/F	P4	区域	2	10.5	21	3	ISO1400
Q06P404/06/F	P4	区域	3	9	27	3	
Q06P405/06/F	P4	区域	2	9.5	19	2	加急
Q06P406/060C	P4	区域	2	10	20	3	加急

图 4-63　第六年区域市场 P4 产品订单

18. 第六年国内市场 P4 产品订单

▲沙盘解密：第六年国内市场 P4 产品订单有 5 个，基本上属于小订单，金额最大才 20M，有 ISO9000 体系认证限制，如图 4-64 所示。

单号	产品	市场	数量	单价	金额	帐期	条件
C06P401/0500	P4	国内	1	8	8	1	
C06P402/0500	P4	国内	1	10	10	3	ISO9000
C06P403/05/R	P4	国内	2	8.5	17	2	
C06P404/05/R	P4	国内	2	10	20	3	ISO9000
C06P405/0500	P4	国内	2	9	18	4	

图 4-64　第六年国内市场 P4 产品订单

19．第六年亚洲市场 P4 产品订单

▲沙盘解密：第六年亚洲市场 P4 产品订单有 5 个，金额最大为 30M，如图 4-65 所示。单价整体高于国内市场。

图 4-65　第六年亚洲市场 P4 产品订单

20．第六年国际市场 P4 产品订单

▲沙盘解密：第六年国际市场 P4 产品没有订单，意味着第六年的 P4 产品不必投在国际市场，投了也是浪费，如图 4-66 所示。

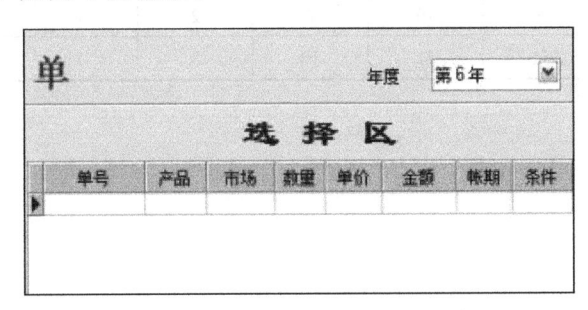

图 4-66　第六年国际市场 P4 产品订单

21．第六年订单信息统计情况

▲沙盘解密：市场观察很重要，否则投放广告就是一种浪费。第六年订单信息统计如表 4-6 所示。

表 4-6　第六年订单信息统计表

产品	市场	最大金额（M）	最小金额（M）	单价最高（M）	单价最低（M）	数量最大（个）	数量最小（个）	订单数量（个）	加急订单数量（个）
P1	本地	12	7	4	3.3	3	2	6	1
P1	区域	10	5	5	4.5	2	1	5	0
P1	国内	12	4	4	3.5	3	1	6	1
P1	亚洲	12	4	4	2.8	4	1	7	1

续表

产品	市场	最大金额（M）	最小金额（M）	单价最高（M）	单价最低（M）	数量最大（个）	数量最小（个）	订单数量（个）	加急订单数量（个）
P1	国际	24	6	6.5	5.4	4	1	12	0
P2	本地	24	6	6.7	5.5	4	1	10	1
P2	区域	13	5	6.5	5	2	1	6	2
P2	国内	20	6	6	5	4	1	8	1
P2	亚洲	21	5	6.7	5	3	1	8	1
P2	国际	21	8	8	6.5	3	1	8	0
P3	本地	45	16	10	8	5	2	10	2
P3	区域	28	17	9.5	8.5	3	2	6	0
P3	国内	34	9	10	8.5	4	1	8	2
P3	亚洲	40	8	11	8	4	1	8	1
P3	国际	17	8	8.5	8	2	1	5	0
P4	本地	27	9	9.5	8.3	3	1	7	1
P4	区域	31	19	10.5	9	3	2	6	2
P4	国内	20	8	10	8	2	1	5	0
P4	亚洲	30	11	11	10	3	1	5	1

模块 5

心得体会篇

5.1 心得体会之一：逆境中生存的法宝是避开竞争

为期一周的 ERP 沙盘模拟实训结束了。这次实训让我亲身体会到 ERP 沙盘模拟经营的紧张与刺激，真正地感受到沙盘模拟经营的魅力所在。

在 ERP 沙盘模拟实训中，每个人都扮演着 CEO 的角色，模拟经营公司的一切流程都由 CEO 负责。我们是模拟企业八年的经营，开始并不知道如何操作，企业很快宣告破产。后来，在老师的指导下，掌握了操作流程，一步一个脚印，稳扎稳打，模拟经营才走上正轨。

（1）模拟经营第一年，我采取保守的方法来运营。

① 广告的投放。第一年在广告上的投入并不多，因此这一年所获得的订单也比较少。

② 订单的选择。在我生产能力的范围内选择订单，这样可以保证第一年不用贷款就可以顺利进入下一年的模拟经营。

③ 生产线的分配。把半自动生产线和手动生产线全部变卖，在预算范围内购买全自动生产线。

④ 产品研发。研发 P2 产品，因为 P2 产品的单价比 P1 产品的单价高，在模拟经营的后几年，P2 产品比 P1 产品更有优势。

⑤ 原料购买。在原料购买上，采取的策略是卖多少产品就买多少原料，不囤货，不对资金造成压力。

⑥ 市场开发。开发区域市场和国际市场。虽然国际市场要四年才能开发完成，但这对于第五年的接单有很大的帮助。因为大部分人会先选择开发本地市场、区域市场和国内市场，国际市场的竞争压力就会小很多。

（2）模拟经营第二年的操作步骤和第一年相比，区别不大。由于第一年没有进行贷款，第二年的资金压力迫使我必须借款。我申请了长期贷款，与短期贷款相比，还款的压力并不是很大。

（3）模拟经营第三年，生产线的调整和产品的研发基本上都进行完毕，订单选择的空间也大了许多。市场开发上，大部分人选择了国内市场，本地市场和区域市场的竞争压力就小了很多。选择在我生产能力范围内的订单，支持我这一年的经营和归还利息。

（4）模拟经营第四年碰到的最大问题就是偿还长期贷款。前三年的保守经营只能维持日常开销。因此，这一年只能去借短期贷款，才能保证企业不破产。

（5）模拟经营第五年是转折点。国际市场开发完毕，这就意味着会有大笔的收入，但这一年并没有盈利。虽然国际市场的订单没有人同我竞争，但我的库存短缺，并不能将订单全部收入囊中。这一年的收获就是将短期贷款清零。

（6）模拟经营的第六年正式步入了正轨。国际市场的畅通，只用投入小额的广告费就能拿到大金额的订单。通过这一年的经营，改变了一直濒临破产的困境，获得的利润可以投放到其他市场和开发其他的产品。

（7）模拟经营的第七年，继续保持之前的良好形势。按计划获得订单，控制节奏，毫无压力地偿还了第二年借的长期贷款，稳扎稳打地坚持到了第八年。

模拟企业八年的经营，让我得到以下几点启示：

（1）一定要坚持，不要太快下结论。没有坚持到最后一刻，永远不知道结局是什么。

（2）学会长远考虑，不要"吊死在一棵树上"。市场变化很快，不能永远死守一个市场。

（3）树立共赢观念。市场竞争是激烈的，也是不可避免的。但竞争并不意味着你死我活，寻求与竞争对手之间的双赢、共赢才是企业发展的生存之道。

（4）诚信。诚信是一个企业的立足之本、发展之源。不能为了销量和资金，盲目地选择不在自己能力范围内的订单，避免落得违约罚款的下场。

最后我想说，ERP沙盘虽然只是一个模拟实训，和真实的企业经营有着很大的区别，但是通过ERP沙盘的挑战和训练，培养了我们随机应变的决策能力，培养了在任何困难和压力面前永不屈服的精神。

（来源：营销1634班 施凡凡）

■ 教师盘面分析

该同学操作上中规中矩，选择走低端市场的亲民路线。在产品研发上，研发成本相对较低的P2产品，并用P2产品代替P1产品；在市场开发上，巧妙地避开小组同学的竞争，当大家都在开发国内、亚洲市场的时候，她却选择开发相对比较耗时的国际市场，这样在国际市场选单中就占据了较大优势。

ERP沙盘模拟经营要想在逆境中生存，最大的法宝就是避开竞争。大家都能想到的，都在按部就班地进行运营的时候，你有没有出其不意、攻其不备？避开锋芒，可以花少量的钱"捡"到更多的订单。

当然，这位同学前期操作上存在一些小问题。第一年不去贷款，貌似远离了还款的压力，但错失了购买、更新生产线的大好时机，这也是造成她在第五年库存产成品严重短缺的原因。由于库存产品不足而面临违约的风险，即使自己一个人在国际市场上选单，也没办法选太多的订单。

5.2 心得体会之二：多次破产之后领悟贷款技巧

正所谓"商场如战场"。通过这次ERP沙盘模拟经营实训，让我深刻地体会到企业经营过程的残酷与瞬息万变。公司稍有经营不当，就会面临破产。在这次实训中，让我对ERP有了深入的了解。如果没有这次实训，我可能都不会知道还有ERP。

刚开始实际操作的时候，有些摸不着头脑，不知道该怎么操作，只能一步步跟着老师做。虽然这样学习起来很快，但是想真正弄懂它，还要靠自己不断地去摸索。摸索的过程中，经历了一次又一次的破产，结果实在是惨不忍睹！

刚开始模拟经营的时候，不知道需要贷款，经营越到后期，公司的资金越紧张，直接导致订单抢不到，失去了很多赚钱的机会。当时错误地认为，只要避免了生产力跟不上的问题，就可以远离破产。其实，公司一旦缺少经济来源，破产是在所难免的。

后来，在第一年的第二季度进行短期贷款，弥补了资金的不足。运营第二年，我选择生产P1产品，当年就拿到了4个订单，共15个P1产品。由于没有仔细核算原料库存、成品库产品的数量及生产线的生产效率，到第二年第四季度的时候，发现有几个订单不能成功交货。这样年底贷款利息加订单违约金，又是一笔不小的开支，下一年贷款结算的时候就还不起贷款了。很不幸，公司再次破产！

失败了一次又一次，我开始总结经验：如果只研发一种产品（P1或者P2），前期进行长期贷款，市场区域固定在本地市场和国内市场，A厂房生产线都换成全自动生产线，多拿一些订单，或许可以保证稳定过关。长期贷款每次都只贷20M，因为有订单回款资金的支撑，可以很轻松地还清。还清后可以选择再次贷款，这样可以购买更多的原料，生产更多的产品。如果想要购买B厂房和C厂房，生产其他不同类型的产品，开拓其他不同类别的市场，可以选择增加长期贷款和短期贷款的额度，同时意味着下一年你要抢到足够的订单，保证自己资金的来源，不至于"拆东墙补西墙"。

很多同学和我一样，刚开始接触ERP沙盘模拟的时候，会问：ERP沙盘是什么？看起来很没意思！但深入了解后，你就会感觉很有意思，开动脑筋的同时，还能收获成功经营一家企业的成就感和满足感。

经营企业就像培育花朵，它的成长过程也是自己不断弥补不足、不断学习的过程。

我从来只相信努力过的人，不相信办不成的事。通过这次ERP模拟实训，让我更加坚定了这个信念。

（来源：营销1634班　王涛）

■ 教师盘面分析

该同学经过多次破产后，开始认真思考原因。从前期不明白贷款的规则，到后期娴熟地运用贷款技巧，既保证了生产之需，又避免了不必要的浪费。在综合经营过程中懂得企业的生存之道，这也是ERP沙盘模拟经营独特的魅力所在。遇事冷静分析，认真对待，问题早晚都会解决。

5.3　心得体会之三：逆境中寻求生存

新学期的第二个星期，我们班级进行了沙盘模拟实训。刚听到要进行沙盘模拟实训的时候，感到很好奇，不知道是一个怎样的实训，会不会很有意思？

当我打开沙盘模拟软件的时候，什么都看不懂，不知道该如何操作。不过，在老师的带领下，我还是成功地完成了第一次沙盘模拟操作。

经过两三天的摸索，我弄清楚了一些基本的操作技巧。虽然这中间一直在反复地失败和破产，但从中也学会了很多有关ERP沙盘模拟的知识，体会到了一个企业要正常地运营是多么地不容易，涉及企业的整体战略、产品研发、设备投资改造、生产能力规划等各个方面。

因为我对企业经营方面知识了解得不够，以至于一直没能成功地经营到第六年。一开始我把广告投放在本地市场，但每次拿到的订单都没有预想中的好。在资金不充足的情况下，开始研发 P2 产品并投放了大量的广告，不仅没有赚到钱，还一直在亏钱，导致每次经营到第三年或者第四年就破产了。后来，我向实训中获得高分的同学"取经"，学习他们的模拟经营方法，可还是失败了。看来，我并没有真正掌握沙盘模拟经营的操作要领。最后我决定：不去研发 P2 产品，只专心生产 P1 产品，尽量多拿产品订单，在规定的时间内把货发出去，这样就可以保证不破产。

这次沙盘实训，不仅让我们了解到企业的经营过程，也看到自己知识结构的缺陷，拓宽了我们的知识面。

（来源：营销 1634 班　毛欣怡）

■ **教师盘面分析**

学生做沙盘模拟训练的时候，总是存在几个比较典型的错误：要么不顾及资金的情况大力去研发新产品，但是生产能力不足；要么去开发新市场，但是拿到的订单不多。大部分同学模拟经营初期都是在第三年或者第四年就破产了，更有的同学在第二年就破产了。其实 ERP 沙盘模拟的本质是让学生像企业家一样，在固定的股东投资额下，按顺序生产 P2、P3、P4 产品。但是，很多学生不能完全按照要求去做，不是产品没有研发完成，就是生产线更新太快，结果直接导致破产。其实，即使采用最保守的操作方法，也可以保证六年不破产，即只生产低端产品 P1。因为经营到后期，其他公司都在经营高端产品，你就可以占领低端市场，即"价格屠夫"。市场上只有你一家可以提供 P1 产品，同样可以占有一席之地。

5.4　心得体会之四：不破产的秘诀——保证收入大于支出

新学期的第二周我们就进行了沙盘模拟实训。虽然只有短短的一周时间，但是我们也从中学到了不少的知识。由刚开始不懂经营规则，到后来掌握操作技巧，经历过几次失败。以下是从操作过程中总结的经验。

（1）模拟经营第一年：首先，抢占市场先机很重要。模拟经营开始，大家起点都一样，都只有本地市场。因此，要想赢在起跑线上，就只有在广告投放上下功夫。刚开始基本上都是每人 1 个订单，如果你广告投得比较好，就有机会拿到 2 个。如何投放广告？并不是说广告投放的金额越多越好。例如，别人都投了 9M，你却只投了 1M，本年度有 12 个订单，意味着每组都会有 1 个订单，结果是你用较少的广告费用，取得了差别不大的订单。其次，订单的选取也很重要。在保证生产数量的前提下，选择总金额大、账期短的订单，逾期交货就会罚款。最后，贷款也很重要，第一年一定要采用短期贷款。我的经验是贷款 20M。短期贷款是四个季度还一次，连本带息偿还。另外，第一年要开发 P2 产品，把一条手工线变卖，购买一条生产 P1 产品的全自动线。

（2）模拟经营第二年：第一季度广告费的投入要计算好，至少留出 21M 用于归还短期贷款，还了贷款之后还可以继续贷款。计算好自己能生产出多少个产品，根据自己的产能选择订单，切记不要抢太多订单，如果不能按期交货就要被罚款。卖掉另外一条手工线，购买一条生产 P2 产品的全自动线。

（3）模拟经营第三年：增加了长期贷款 20M，根据自己的产能选择订单，开发区域市场和国内市场，认证 ISO9000 质量管理体系。

（4）模拟经营第四年：P2 产品的研发和生产线都已经完成，因此广告也要投放 P2 产品。同样要计算好能生产出多少产品，不要多拿订单，生产不出来就亏本。购买一条生产 P2 产品的全自动线，放到 B 厂房。如果资金充足，第四季度就购买 B 厂房，否则就租用。购买或租用厂房有加分。

（5）模拟经营第五年：产品研发方面，主要生产 P2 产品，但是 P1 产品也要生产，广告可以投放 1M。认证 ISO9000 和 ISO14000 两个质量管理体系，接下来的订单可能需要这些附加条件。

（6）模拟经营第六年：最后一年只要坚持不破产就是胜利。如果资金充足，可以买生产线、B 厂房或 C 厂房，这些都有加分。尽量多地去贷款，因为还款期限到来之前，模拟运营就结束了。

这次模拟实训，最大的体会就是意识到分析问题的重要性。在模拟经营的过程中，始终要计算好收入与支出的平衡关系，保证收入大于支出。

（来源：营销1634班　凌雅伦）

■ 教师盘面分析

该同学的操作也是中规中矩，产品研发基本上是低端的 P1 和 P2 产品。只有在盘面上控制了损耗，企业才不会破产。ERP 沙盘模拟有一根压力线就是资金问题：一方面生产要资金、购买生产线要资金、投放广告要资金、质量体系认证要资金、租或购买厂房要资金、偿还利息要资金、应交税金也需要资金；另一方面订单交货可以得到资金（实际是应收账款，应收账款更新后就可以变成现金）、短期贷款可以得到资金、长期贷款可以得到资金、应收账款贴现也可以得到资金。只有保证收入大于或等于支出，你才有可能不破产。因此，计算好企业的收支问题是模拟经营好坏的前提。

技术不好没关系，保守地生产低端产品，站稳低端市场也一样可以让企业在六年的模拟经营中不破产，我们把这种操作方法称为"保守派"。

5.5　心得体会之五：手工线更新的必要性

第一天接触 ERP 沙盘模拟实训，主要听老师讲解和分析操作流程，初步认识和了解了 ERP 沙盘模拟的理论知识。后来，在老师的带领下，进一步熟悉了操作流程。

我们被分成了五组，需要完成 8 年的模拟实训。在整个模拟经营过程中，我最担心的问题是企业会破产；觉得最刺激的是竞单环节，因为要在短短 15 秒时间内，抢到金额大、单价高、账期短的订单。

运营开始我就积极提高生产效率：研发新产品、扩大生产规模以及购买新的生产线。每年我都会调整生产线，包括变卖手工线和购买全自动线。随着资金到账，逐步开发各种市场，认证两个 ISO 质量管理体系，研发 P2 产品。

（1）模拟经营第一年：P1 产品投放本地市场广告；抢到了单价高、账期短的订单并按时交货；在第四季度的时候，变卖了一条手工线，购买了一条生产P1产品的半自动线；开发了区域市场；借了40M的长期贷款；研发了P2产品。这一年盈利了！

（2）模拟经营第二年：P1产品广告投放了本地市场和区域市场；抢到了合适数量的产品订单；变卖了一条手工线，购买了两条生产线，一条是生产P1产品的全自动线，另一条是生产P2产品的全自动线；更新了应收账款；继续开发国内市场；P2产品研发成功。这一年没有贷款，仍有盈利！

（3）模拟经营第三年：P1、P2产品投放了本地和区域市场广告；订单按期交货；资金充足；开始生产P2产品，为第四年的竞单做好准备；应收账款仍有结余。这一年保本！

（4）模拟经营第四年：P1、P2产品广告投放了本地、区域、亚洲以及国际市场；抢到了合适数量的产品订单并按时交货；收完第三年的应收账款；还了长期贷款，又借了40M长期贷款。这一年保证了企业的基本运行。

（5）模拟经营第五年：P1、P2产品广告投放了本地、区域、亚洲以及国际市场；因为犹豫不决导致企业错过了大订单，订单交货顺利完成；P2产品库存充足；变卖生产P1产品的半自动线，购买了生产P2产品的柔性线。

（6）模拟经营第六年：P1、P2产品广告投放了本地、区域、亚洲以及国际市场；根据产能以及库存产品数量，果断抢到订单并按时交货；短期贷款20M；变卖生产P1产品的全自动线，购买生产P2产品的柔性线。终于撑到了第六年！

（7）模拟经营第七年：P2产品广告投放了本地、区域、亚洲以及国际市场，不再购买原材料，停止生产。企业慢慢有点起色，这一年盈利了。

（8）模拟经营第八年：P2产品广告投放了本地、区域、亚洲以及国际区域，卖掉库存产品。企业存活了下来。

这次实训模拟的是企业生产经营的过程，我认为最重要的环节就是生产。做好生产的预算和调整、计算能生产出的产品数量都非常关键，因此，生产线的更新非常重要。

（来源：营销1634班 张琦楠）

■ 教师盘面分析

该同学沙盘实训是另一个教师指导的，考核的是8年经营。该同学可圈可点之处在于弄懂了手工线更新的必要性，第一年手工线最好尽快处理掉。按照沙盘规则，手工线需要1M的维护费，折旧需要1M的折旧费，而手工线的净残值已经濒临1M了。如果不卖掉手工线，相当于每年亏损1M，如果卖掉手工线，会直接得到残值1M。看似简单的"大甩卖"，实际给企业增加的净利润是2M。手工线生产效率低，一年理论上仅能生产1.33个产品，实际上就是1个产品（交货必须是整数），而全自动线或柔性线一年可以生产4个产品，生产效率明显提高了很多。

5.6 心得体会之六：确定策略和方向，掌控每个经营环节

模拟沙盘经营作为市场营销课程的必修技能，对我们知识的提升有很大的帮助，它能让我们提前了解企业的经营。在"大一"的时候，我有幸能代表学校参加浙江省市场营销技能竞赛，

让我对 ERP 沙盘有了一定的了解。此次实训让我重新认识到自己仍存在着很多不足的地方。

（1）开始操作的时候很拘束，畏首畏尾，错误地估计了策略。我们组大多数同学采取保守派的做法，前几次广告费投放过多，浪费了不少钱。

（2）策略比较地保守。重点经营 P2 和 P3 产品，并且还保留了一些 P1 产品。这样不仅占用了生产线，产能也降低了，而且 P1 产品卖不出高价钱。

（3）原材料采购计算不够准确，缺乏耐心。由于计算不准确，导致最后多出了很多原材料。

（4）在计算产品的库存上也存在相似的问题。在转产和更新入库的时候，对成品的计算容易出错，经常因缺货而交违约金。另外，对产能的计算不够准确，导致没有得到足够的订单。

（5）在资金问题上，很容易忽略还贷或是借款。

实训心得体会有以下几点。

（1）必须确定策略和方向。只有自己有了方向，才能制定接下来的一系列的策略。因此，前期策略的制定具有导航的作用。

（2）要尽可能地去了解对手，做到知己知彼。只有这样才能使自己用最少的代价换取数量最多、金额最高的订单来缓解危机。

（3）产品的研发上也要计算清楚。运营到中间阶段基本都是靠 P2 和 P3 产品来支撑整个企业的运营。因为 P1 产品后期已经没有多少价值，P4 产品开发的成本和要求风险太大。

（4）不能跟风投资。要想有自己的市场就必须有自己的优势，只有这样才能让自己立于不败之地。

（5）市场的开拓和产品管理体系的认证也要紧跟产品开发的节奏，不然后期会出现有订单也选不了的局面。

（6）把自己的产能计算清楚，关键时候更是如此。不能因为产能不够而导致违约，否则会扣很多分。

（7）运营后期采购原材料要谨慎。不能有剩余，否则也会扣分。

建议操作策略如下。

（1）生产线策略：第一年在生产完 P1 产品后，把手工线换成全自动线。在第五或第六年的时候，根据市场的需求把 P2 产品的生产线转到 P4 产品的生产线上。

（2）广告投放策略：P1 产品在第一年需要投入较高的广告费，用来加快 P1 产品的销售。运营到第三年的时候，基本就知道每个组的侧重点，可以有选择地去投放广告。有的市场如果本年度不需要而下年度需要，就要投放 1M 的广告来占据市场。

（3）保证 ISO 管理体系的认证：运营到后期，管理体系没有认证就选不到订单。

（4）市场开发：前期开发区域、国内、国际和亚洲市场，后期根据资金有选择地开发。

（来源：营销1634班　周云）

■ 教师盘面分析

该学生对沙盘了解程度比普通学生要高一些，"大一"时曾代表学校参加浙江省营销技能竞赛，获得了三等奖的好成绩。

操作好 ERP 沙盘，一定要注意各条生产线的更新和购买，及早判断好转产周期和费用，即有一个提前量。研发的时候一定要尽可能地研发高端产品 P4，因为越到后期 P4 单价越高。

单纯按价格计算，P4 产品大都在 10M 以上，去除 5M 的生产成本，毛利有 5M 之多。相反 P1 产品平均单价才 5M，去除 2M 的成本，毛利才 3M 不到，这样生产一个 P4 产品就相当于生产了 2 个 P1 产品，即便你占据低端市场份额再多也无济于事。

每年订单数量是固定的，能否抢到金额最大的订单是第一年企业占领运营优势的关键所在。金额越大，补充的资金就越多，这也是考查学生判断和分析能力的地方。

5.7　心得体会之七：细节决定成败

这个学期我们开设了为期一周的 ERP 模拟实训课程。不管是在实训过程中，还是实训结束后，我都深深地体会到要经营企业并不像预想中的那么简单。每一步决策和计划都要全方位考虑，不能凭主观臆断来盲目地进行决策，否则只会使企业陷入困境甚至破产。

企业经营模拟实训没有固定的公式和模板，只有通过实际运作，才能深入领会企业管理的精髓。我们参训者被分成 10 组互相竞争的模拟企业，通过 6 年的模拟经营进行比拼。

（1）运营第一年。第一年是关键的一年，市场广告的投放不能太多，否则造成浪费；也不能投放太少，否则拿不到想要的订单。当别人都投入 9M 的时候，你仅投入 1M 就可以达到同样的效果，这样就不会造成浪费。竞单时更要注意加急订单是否可以按时交货。第一年贷款 40M，变卖手工线和购买两条全自动线。第三季度直接开始对 P2 产品的研发。

（2）运营第二年。由于 P2 产品还没研发成功，广告投放仍在本地市场 P1 产品上，争取得到有竞争力的 P1 产品订单。同时，变卖生产 P1 产品的半自动线，购买生产 P2 产品的两条全自动线，为下一年获得一定数量的订单做准备。本年度要很好地利用银行贷款，同时开始进行 ISO 两个管理体系的认证投资。

（3）运营第三年。由于 P1 产品在本地市场有下滑趋势，但仍占有大量的市场份额，P2 产品生产的数量有限。因此，P1 产品仍要继续生产，在 P2 产品市场投放广告拿到合适数量的订单。市场开发方面继续开拓亚洲市场。继续进行 ISO14000 管理体系的认证投资。购买生产 P2 产品的一条全自动线，增加企业的生产能力。三季度进行 P3 产品的研发。

（4）运营第四年。以 P2 为主打产品进行广告投资。P1 产品市场表现明显比不上 P2、P3 产品，但仍占有一席之地。因此，在 P1 产品市场投放 1M 的广告，拿到两个季度能交货的订单，交货后将 P1 产品生产线转型生产 P3 产品。本年度继续研发 P3 产品，购买 P3 产品的两条全自动线，租用 B 厂房，完成 ISO14000 体系认证。

（5）运营第五年。放弃 P1 产品的生产和广告投资。由于 P2、P3 产品都占有较大的市场份额，我们前期已经投入了足够的生产力。因此，加大 P2、P3 产品的广告投资，以便拿到尽可能多的订单。第五年的订单已经有认证要求，前期的认证投资也算没有亏。

（6）运营第六年。第六年已经经营到了尾声，尽可能加大广告费用的投入，拿到更多的产品订单，获取更大的市场份额。同时购买 B 厂房和 C 厂房，购买生产 P3 产品的柔性线，以获得更高的分数。

感谢指导老师带领我们进行 ERP 沙盘模拟实训。在实训中，做每一个决定的时候，都要全方位地进行分析与计算，任何一个细节没有考虑周全都有可能导致全局的困境。

（来源：营销 1634 班　刘澄浩）

■ 教师盘面分析

企业模拟经营成败的总体思想有两条：一条是在有限资金情况下，最大化生产创造利润；另一条是要在市场强弱的竞争格局下，把握好取舍的问题。

该同学操作思路很清晰，第一年研发 P2 产品；第二年广告重点还是放在 P1 产品身上；第三年开始研发 P3 产品，广告侧重点偏向于价格高的 P2 产品，陆续放弃低端的 P1 产品，在研发的同时兼顾生产能力，提前布局全自动线；第四年研发出 P3 产品，力争用 P3 产品取代其他产品；第五年扩大市场布局，用大广告拉来大订单，保持竞争优势；第六年用多余的资金购买 B 厂房和 C 厂房，使自己的权益值最大化。

六年 ERP 沙盘模拟经营与八年的模拟经营略有不同，八年模拟经营必须要开拓高端 P4 产品，但是六年的沙盘模拟经营开发 P4 产品却有点鸡肋的感觉。因为在运营到第六年的时候，P4 产品与 P3 产品价格相比并不占太多优势。当然这个经验也是要学生模拟实训了多次以后才会总结出来，这也正体现了 ERP 沙盘的特有魅力。

5.8 心得体会之八：避开竞争可以达到"四两拨千斤"的效果

经过一个学期的学习，对 ERP 沙盘模拟经营有了初步的了解。在实训过程中，学习了沙盘模拟的基本知识和操作方法。和真实的企业经营相比，沙盘模拟经营不需要考虑意外因素和市场调研，只需要通过多次练习就可以了解市场的需求，对于我们来说更像是一种经营类的游戏。如果仅限于班级分四组来进行实训，那么只需要了解大部分人的研发方向，避开竞争最激烈的产品，就可以达到"四两拨千斤"的效果。

首先要制订 1～6 年的产品研发计划，这样在沙盘模拟经营过程中才有一个大致的方向，这也关系到自己的经营策略，哪一年该做什么事。经过几次总结以后，我的产品研发计划是：开始选择生产 P1 产品、研发 P3 产品、放弃 P2 产品。这样看起来放弃了在第二年利润最大的 P2 产品，但也避开了竞争最激烈的地方。

为什么要放弃 P2 产品，只做 P3 产品的研发？虽然可以在策略上先生产 P2 产品赚取利润，并在后期转而生产 P4 产品，但这样操作的话，经营初期无法快速拓展其他生产线。在整个经营策略中，投入的全自动线全部只生产 P3 产品。对比 P3 产品和 P4 产品的成本、研发费用以及认证 ISO9000 和 ISO14000 管理体系的投资，P3 产品在各个市场的利润与 P4 产品相比差别并不大，而且避开了 P4 产品的市场竞争。先生产 P3 产品，虽然前期利润不高，但是在仅 6 年而非 8 年的模拟经营中，占领了第三年和第四年的市场，也在第五年和第六年抢占别人放弃的 P3 产品市场。不竞争 P4 产品，虽然做法有点愚蠢，但是对比"P1→P2→P3→P4"和其他的产品研发路线，这是最傻瓜式的，也是出错率最低、最容易成功的路线。用最省力气的方法去完成最费脑子的事情。

（1）运营第一年。

① 广告投放。投入 7M 的广告费到本地市场，选择到了最大的订单金额 32M。虽然账期为 4 个季度，但是保证了自己在第一年的权益。

② 产品研发。放弃 P2 产品的研发，第一年第一季度就开始研发 P3 产品。

③ 资金。在第二季度就进行贷款。

④ 生产线的调整。分别在第一季度和第二季度卖出生产完毕的手工线，同时在 A 厂房投入两条全自动线。后面的经营中全部只投入全自动线，为什么不选择柔性线和半自动线？因为半自动线效率低，而柔性线虽然可以直接生产产品，但是投入比较大。

⑤ 市场开发与质量认证。在第一年运营结束前，根据自己的剩余权益有选择地开发市场和认证 ISO 管理体系，保证自己的权益在 5 的倍数以上。

（2）运营第二年。

① 广告投放。投放本地 P3 产品和本地 P1 产品的广告。因为第一年市场"老大"的缘故，优先选择到了 P1 产品单价最高的订单。生产多余 P1 产品放入库存。

② 生产线的调整。第一年的半自动线可继续生产 P1 产品，运营到后期国际市场 P1 产品升值的情况下再全部卖出。在 A 厂房和 C 厂房各投入一条全自动线。至此，A 厂房共有 3 条全自动线、1 条半自动线，C 厂房有 1 条全自动线。如何决定厂房是买还是租？虽然直接购买比租省钱，但在前两年无法全部开启生产线，购买了厂房也是浪费资金，所以就选择租用 C 厂房。

③ 资金。在第二年的 P3 产品订单上，选择 1~2 个产品进行出售，用来偿还贷款。保持现金储备，避免贴现。

（3）运营第三年。

① 广告投放，只需在每个市场投入 1M 的广告费。

② 生产线的调整。卖出生产 P1 产品的半自动线，购入全自动线。

③ 产品。订单选择最高价格，不用考虑账期。在保证能生产最大数量的前提下，预留 2~3 个 P3 产品，防止出错。

（4）运营第四年至第六年。在第四年到第五年的广告投放中，加大广告投放的价格，争取在每个市场都选到单价最高的订单。第四年在 B 厂投满全自动线，完成 ISO 管理体系的认证。第五年的第三季度研发 P2 产品以及 P4 产品，到最后一年研发完成。第六年完成所有市场的开拓，购买 B 厂房和 C 厂房，获取最大的分值。

在整个的运营思路中，最需要考虑的是下原料订单和把原料用完，不能出现停工待料。而其他的操作步骤都比较简单。

（来源：信管 1525 班　林贤鹏）

■ **教师盘面分析**

该学生是信管班的，该专业的"ERP 原理与应用"课程一直按照 ERP 沙盘实训来讲授，大约 16 周的每周四课时的实训，使得该班 ERP 沙盘模拟水平一直在全院都是最高的。

该同学非常愿意钻研，经常和老师交流其独特的想法，避开竞争就是可以达到"四两拨千斤"的效果。避开研发 P2 产品，专攻 P3 产品。运营后期将 P3 产品换成 P4 产品。先去掉所有低端产品而占领高端产品的市场，再按照得分的原则返回研发 P2 产品，保证自己盘面 P2、P3 和 P4 产品都研发出来，这样就可以轻松拿到小组第一。

　　第一年广告一定要尽量多投放。在大家普遍投入 3M、4M 的时候，稍微高一点就能抢占总金额最大（32M）的订单，坐好市场"老大"的位置。这样在后期运营的第二年就抢占了市场先机，为后续的胜利奠定了基础。

　　以往学生操作 ERP 沙盘都是盲人过河，凭感觉出"招"，本学期规定必须做订单的统计工作。让负责教师机的学生将所有的订单截图，全体同学统计好订单数量种类后，根据订单情况投放广告，判断自己拿订单占据的先后顺序。该班学期结束后，全都可以实现模拟经营六年而不破产。本书为何增加订单解密篇，也是为了将六年的订单直接呈现在读者面前，作为读者模拟运营的参考依据。

附录 A

企业模拟经营记录表

表 A-1 初始年企业模拟经营记录表

<table>
<tr><td colspan="6" align="center">初始年 企业模拟经营流程</td><td></td><td></td></tr>
<tr><td colspan="8">注意：请按下列顺序在计算机上进行操作，每执行完一项，总裁（CEO）在对应的方格内打钩，财务总监（助理）在方格内填写现金收支情况</td></tr>
<tr><td colspan="2"></td><td></td><td colspan="2"></td><td>1Q</td><td>2Q</td><td>3Q</td><td>4Q</td></tr>
<tr><td rowspan="3">年度初</td><td>1</td><td>支付应交税</td><td colspan="2"></td><td></td><td colspan="3" rowspan="3" align="center">年度初 三件事</td></tr>
<tr><td>2</td><td>制定广告方案</td><td colspan="2"></td><td></td></tr>
<tr><td>3</td><td>参加订单竞单</td><td colspan="2"></td><td></td></tr>
<tr><td rowspan="10">本年度十件事</td><td>1</td><td>短期贷款/支付利息</td><td colspan="2"></td><td></td><td></td><td></td><td></td></tr>
<tr><td>2</td><td>更新应收款/更新应付款</td><td colspan="2"></td><td></td><td></td><td></td><td></td></tr>
<tr><td>3</td><td>接收并支付已订的货物</td><td colspan="2"></td><td></td><td></td><td></td><td></td></tr>
<tr><td>4</td><td>下原料订单</td><td colspan="2"></td><td>( )</td><td>( )</td><td>( )</td><td>( )</td></tr>
<tr><td>5</td><td>产品研发投资</td><td>P2</td><td>P3</td><td>P4</td><td></td><td></td><td></td></tr>
<tr><td>6</td><td>更新生产/完工入库</td><td colspan="2"></td><td></td><td></td><td></td><td></td></tr>
<tr><td rowspan="2">7</td><td rowspan="2">购买或调整生产线</td><td>更新</td><td>转产</td><td></td><td></td><td></td><td></td></tr>
<tr><td>购买</td><td>变卖</td><td></td><td></td><td></td><td></td></tr>
<tr><td>8</td><td>开始新的生产</td><td colspan="2"></td><td></td><td></td><td></td><td></td></tr>
<tr><td>9</td><td>交货给客户</td><td colspan="2"></td><td></td><td></td><td></td><td></td></tr>
<tr><td>10</td><td>支付行政管理费</td><td colspan="2"></td><td></td><td></td><td></td><td></td></tr>
<tr><td rowspan="8">年度末</td><td>1</td><td>长期贷款</td><td colspan="2"></td><td></td><td colspan="3" rowspan="5" align="center">年度末 六件事</td></tr>
<tr><td>2</td><td>支付设备维修费</td><td colspan="2"></td><td></td></tr>
<tr><td>3</td><td>购买（或租赁）厂房</td><td colspan="2"></td><td></td></tr>
<tr><td>4</td><td>折旧</td><td colspan="2"></td><td></td><td>( )</td></tr>
<tr><td rowspan="3">5</td><td rowspan="3">市场开拓/ISO 资格认证</td><td>区域</td><td>国内</td><td></td></tr>
<tr><td>亚洲</td><td>国际</td><td></td><td></td><td></td><td></td></tr>
<tr><td>ISO9000</td><td>ISO14000</td><td></td><td></td><td></td><td></td></tr>
<tr><td>6</td><td>关账</td><td colspan="2"></td><td></td><td></td><td></td><td></td></tr>
</table>

备注：1. 企业模拟经营记录表的各项任务是按系统软件的操作顺序列出的，是每个经营年必须执行的任务。请严格按照要求记录你系统软件的操作，以便查找自己与其他同学的差距和不足。

2. 每执行完一个任务，在对应的方格里做好记录（打"√"或"×"），如果能写出具体数字更好。这些数字就是你本年度的开支明细（括号里填写的数字除外），可谓一目了然，便于查找失误之处。

表 A-2　初始年广告费登记表

产品市场	P1	P2	P3	P4	合计
本地					
区域					
国内					
亚洲					
国际					
总计					

表 A-3　初始年原料入库记录表

时间	R1	R2	R3	R4	合计
1Q					
2Q					
3Q					
4Q					

表 A-4　初始年原料订单记录表

时间	R1	R2	R3	R4	合计
1Q					
2Q					
3Q					
4Q					

表 A-5　初始年产成品库存记录表

时间	P1	P2	P3	P4
1Q				
2Q				
3Q				
4Q				
合计				

表 A-6　初始年订单登记表

订单号								合计
市场								
产品								
数量								
账期								
销售额								
成本								
毛利								
未售								

表 A-7　初始年产品核算统计表

产品类型	P1	P2	P3	P4	合计
数量					
销售额					
成本					
毛利					

备注：如表格不够用，可以修改产品类型。例如没有 P1 产品订单，但 P2 产品订单却有 5 个，可以将 "P1" 改为 "P2"，以此类推。

表 A-8　初始年综合费用统计表

项目	金额	备注				
管理费						
广告费						
维修费						
租金						
转产费						
市场准入		□区域　　□国内　　□亚洲　　□国际				
ISO 资格认证		□ISO9000　　□ISO14000				
产品研发		类别	1Q	2Q	3Q	4Q
		P2				
		P3				
		P4				
其他		变卖生产线残值大于净现值				
合计						

表 A-9　第一年企业模拟经营记录表

第一年 企业模拟经营流程							
注意：请按下列顺序在计算机上进行操作，每执行完一项，总裁（CEO）在对应的方格内打钩，财务总监（助理）在方格内填写现金收支情况							
					1Q	2Q	3Q	4Q
年度初	1	支付应交税						
	2	制定广告方案			年度初 三件事		
	3	参加订单竞单						
本年度十件事	1	短期贷款/支付利息						
	2	更新应收款/更新应付款						
	3	接收并支付已订的货物						
	4	下原料订单			（　）	（　）	（　）	（　）
	5	产品研发投资	P2	P3	P4			
	6	更新生产/完工入库						
	7	购买或调整生产线	更新	转产				
			购买	变卖				
	8	开始新的生产						
	9	交货给客户						
	10	支付行政管理费						
年度末	1	长期贷款						
	2	支付设备维修费						
	3	购买（或租赁）厂房						
	4	折旧			年度末 六件事			（　）
	5	市场开拓/ISO 资格认证	区域	国内				
			亚洲	国际				
			ISO9000	ISO14000				
	6	关账						

备注：1. 企业模拟经营记录表的各项任务是按系统软件的操作顺序列出的，是每个经营年必须执行的任务。请严格按照要求记录你系统软件的操作，以便查找自己与其他同学的差距和不足。

2. 每执行完一个任务，在对应的方格里做好记录（打"√"或"×"），如果能写出具体数字更好。这些数字就是你本年度的开支明细（括号里填写的数字除外），可谓一目了然，便于查找失误之处。

表 A-10　第一年广告费登记表

产品市场	P1	P2	P3	P4	合计
本地					
区域					
国内					
亚洲					
国际					
总计					

表 A-11　第一年原料入库记录表

时间	R1	R2	R3	R4	合计
1Q					
2Q					
3Q					
4Q					

表 A-12　第一年原料订单记录表

时间	R1	R2	R3	R4	合计
1Q					
2Q					
3Q					
4Q					

表 A-13　第一年产成品库存记录表

时间	P1	P2	P3	P4
1Q				
2Q				
3Q				
4Q				
合计				

表 A-14　第一年订单登记表

订单号										合计
市场										
产品										
数量										
账期										
销售额										
成本										
毛利										
未售										

表 A-15　第一年产品核算统计表

产品类型	P1		P2		P3		P4		合计	
数量										
销售额										
成本										
毛利										

备注：如表格不够用，可以修改产品类型。例如没有 P1 产品订单，但 P2 产品订单却有 5 个，可以将 "P1" 改为 "P2"，以此类推。

表 A-16　第一年综合费用统计表

项目	金额	备注				
管理费						
广告费						
维修费						
租金						
转产费						
市场准入		□区域　　□国内　　□亚洲　　□国际				
ISO 资格认证		□ISO9000　　□ISO14000				
产品研发		类别	1Q	2Q	3Q	4Q
		P2				
		P3				
		P4				
其他		变卖生产线残值大于净现值				
合计						

表 A-17　第二年企业模拟经营记录表

第二年 企业模拟经营流程								
注意：请按下列顺序在计算机上进行操作，每执行完一项，总裁（CEO）在对应的方格内打钩，财务总监（助理）在方格内填写现金收支情况								
					1Q	2Q	3Q	4Q
年度初	1	支付应交税						
	2	制定广告方案			年度初 三件事			
	3	参加订单竞单						
本年度十件事	1	短期贷款/支付利息						
	2	更新应收款/更新应付款						
	3	接收并支付已订的货物						
	4	下原料订单			(　)	(　)	(　)	(　)
	5	产品研发投资	P2	P3	P4			
	6	更新生产/完工入库						
	7	购买或调整生产线	更新	转产				
			购买	变卖				
	8	开始新的生产						
	9	交货给客户						
	10	支付行政管理费						
年度末	1	长期贷款						
	2	支付设备维修费						
	3	购买（或租赁）厂房						
	4	折旧			年度末 六件事			(　)
	5	市场开拓/ISO 资格认证	区域	国内				
			亚洲	国际				
			ISO9000	ISO14000				
	6	关账						

备注：1. 企业模拟经营记录表的各项任务是按系统软件的操作顺序列出的，是每个经营年必须执行的任务。请严格按照要求记录你系统软件的操作，以便查找自己与其他同学的差距和不足。

2. 每执行完一个任务，在对应的方格里做好记录（打"√"或"×"），如果能写出具体数字更好。这些数字就是你本年度的开支明细（括号里填写的数字除外），可谓一目了然，便于查找失误之处。

表 A-18　第二年广告费登记表

产品市场	P1	P2	P3	P4	合计
本地					
区域					
国内					
亚洲					
国际					
总计					

表 A-19　第二年原料入库记录表

时间	R1	R2	R3	R4	合计
1Q					
2Q					
3Q					
4Q					

表 A-20　第二年原料订单记录表

时间	R1	R2	R3	R4	合计
1Q					
2Q					
3Q					
4Q					

表 A-21　第二年产成品库存记录表

时间	P1	P2	P3	P4
1Q				
2Q				
3Q				
4Q				
合计				

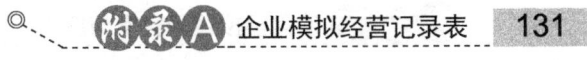

表 A-22 第二年订单登记表

订单号								合计
市场								
产品								
数量								
账期								
销售额								
成本								
毛利								
未售								

表 A-23 第二年产品核算统计表

产品类型	P1	P2	P3	P4	合计
数量					
销售额					
成本					
毛利					

备注：如表格不够用，可以修改产品类型。例如没有 P1 产品订单，但 P2 产品订单却有 5 个，可以将"P1"改为"P2"，以此类推。

表 A-24 第二年综合费用统计表

项目	金额	备注			
管理费					
广告费					
维修费					
租金					
转产费					
市场准入		□区域　□国内　□亚洲　□国际			
ISO 资格认证		□ISO9000　　□ISO14000			
产品研发		类别	1Q	2Q	3Q	4Q
		P2				
		P3				
		P4				
其他		变卖生产线残值大于净现值			
合计					

表 A-25　第三年企业模拟经营记录表

					1Q	2Q	3Q	4Q
年度初	1	支付应交税						
	2	制定广告方案				年度初 三件事		
	3	参加订单竞单						
本年度十件事	1	短期贷款/支付利息						
	2	更新应收款/更新应付款						
	3	接收并支付已订的货物						
	4	下原料订单			( )	( )	( )	( )
	5	产品研发投资	P2	P3	P4			
	6	更新生产/完工入库						
	7	购买或调整生产线	更新	转产				
			购买	变卖				
	8	开始新的生产						
	9	交货给客户						
	10	支付行政管理费						
年度末	1	长期贷款						
	2	支付设备维修费						
	3	购买（或租赁）厂房						
	4	折旧				年度末 六件事		( )
	5	市场开拓/ISO 资格认证	区域	国内				
			亚洲	国际				
			ISO9000	ISO14000				
	6	关账						

第三年 企业模拟经营流程

注意：请按下列顺序在计算机上进行操作，每执行完一项，总裁（CEO）在对应的方格内打钩，财务总监（助理）在方格内填写现金收支情况

备注：1. 企业模拟经营记录表的各项任务是按系统软件的操作顺序列出的，是每个经营年必须执行的任务。请严格按照要求记录你系统软件的操作，以便查找自己与其他同学的差距和不足。

2. 每执行完一个任务，在对应的方格里做好记录（打"√"或"×"），如果能写出具体数字更好。这些数字就是你本年度的开支明细（括号里填写的数字除外），可谓一目了然，便于查找失误之处。

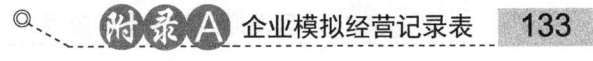

表 A-26　第三年广告费登记表

产品市场	P1	P2	P3	P4	合计
本地					
区域					
国内					
亚洲					
国际					
总计					

表 A-27　第三年原料入库记录表

时间	R1	R2	R3	R4	合计
1Q					
2Q					
3Q					
4Q					

表 A-28　第三年原料订单记录表

时间	R1	R2	R3	R4	合计
1Q					
2Q					
3Q					
4Q					

表 A-29　第三年产成品库存记录表

时间	P1	P2	P3	P4
1Q				
2Q				
3Q				
4Q				
合计				

表 A-30　第三年订单登记表

订单号										合计
市场										
产品										
数量										
账期										
销售额										
成本										
毛利										
未售										

表 A-31　第三年产品核算统计表

产品类型	P1	P2	P3	P4	合计
数量					
销售额					
成本					
毛利					

备注：如表格不够用，可以修改产品类型。例如没有 P1 产品订单，但 P2 产品订单却有 5 个，可以将"P1"改为"P2"，以此类推。

表 A-32　第三年综合费用统计表

项目	金额	备注				
管理费						
广告费						
维修费						
租金						
转产费						
市场准入		□区域　□国内　□亚洲　□国际				
ISO 资格认证		□ISO9000　　□ISO14000				
产品研发		类别	1Q	2Q	3Q	4Q
		P2				
		P3				
		P4				
其他		变卖生产线残值大于净现值				
合计						

表 A-33　第四年企业模拟经营记录表

第四年 企业模拟经营流程							
注意：请按下列顺序在计算机上进行操作，每执行完一项，总裁（CEO）在对应的方格内打钩，财务总监（助理）在方格内填写现金收支情况							
				1Q	2Q	3Q	4Q
年度初	1	支付应交税		年度初 三件事			
	2	制定广告方案						
	3	参加订单竞单						
本年度十件事	1	短期贷款/支付利息					
	2	更新应收款/更新应付款					
	3	接收并支付已订的货物					
	4	下原料订单		(　)	(　)	(　)	(　)
	5	产品研发投资	P2　P3　P4				
	6	更新生产/完工入库					
	7	购买或调整生产线	更新　转产				
			购买　变卖				
	8	开始新的生产					
	9	交货给客户					
	10	支付行政管理费					
年度末	1	长期贷款		年度末 六件事			
	2	支付设备维修费					
	3	购买（或租赁）厂房					
	4	折旧					(　)
	5	市场开拓/ISO 资格认证	区域　国内				
			亚洲　国际				
			ISO9000　ISO14000				
	6	关账					

备注：1. 企业模拟经营记录表的各项任务是按系统软件的操作顺序列出的，是每个经营年必须执行的任务。请严格按照要求记录你系统软件的操作，以便查找自己与其他同学的差距和不足。

2. 每执行完一个任务，在对应的方格里做好记录（打"√"或"×"），如果能写出具体数字更好。这些数字就是你本年度的开支明细（括号里填写的数字除外），可谓一目了然，便于查找失误之处。

表 A-34　第四年广告费登记表

产品市场	P1	P2	P3	P4	合计
本地					
区域					
国内					
亚洲					
国际					
总计					

表 A-35　第四年原料入库记录表

时间	R1	R2	R3	R4	合计
1Q					
2Q					
3Q					
4Q					

表 A-36　第四年原料订单记录表

时间	R1	R2	R3	R4	合计
1Q					
2Q					
3Q					
4Q					

表 A-37　第四年产成品库存记录表

时间	P1	P2	P3	P4
1Q				
2Q				
3Q				
4Q				
合计				

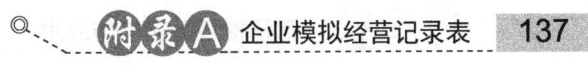

表 A-38　第四年订单登记表

订单号									合计
市场									
产品									
数量									
账期									
销售额									
成本									
毛利									
未售									

表 A-39　第四年产品核算统计表

产品类型	P1	P2	P3	P4	合计
数量					
销售额					
成本					
毛利					

备注：如表格不够用，可以修改产品类型。例如没有 P1 产品订单，但 P2 产品订单却有 5 个，可以将 "P1" 改为 "P2"，以此类推。

表 A-40　第四年综合费用统计表

项目	金额	备注			
管理费					
广告费					
维修费					
租金					
转产费					
市场准入		□区域　□国内　□亚洲　□国际			
ISO 资格认证		□ISO9000　　□ISO14000			
产品研发		类别	1Q	2Q	3Q	4Q
		P2				
		P3				
		P4				
其他		变卖生产线残值大于净现值			
合计					

表 A-41　第五年企业模拟经营记录表

第五年 企业模拟经营流程							
注意：请按下列顺序在计算机上进行操作，每执行完一项，总裁（CEO）在对应的方格内打钩，财务总监（助理）在方格内填写现金收支情况							
					1Q	2Q	3Q	4Q
年度初	1	支付应交税						
	2	制定广告方案			年度初 三件事			
	3	参加订单竞单						
本年度十件事	1	短期贷款/支付利息						
	2	更新应收款/更新应付款						
	3	接收并支付已订的货物						
	4	下原料订单			( )	( )	( )	( )
	5	产品研发投资	P2	P3	P4			
	6	更新生产/完工入库						
	7	购买或调整生产线	更新	转产				
			购买	变卖				
	8	开始新的生产						
	9	交货给客户						
	10	支付行政管理费						
年度末	1	长期贷款						
	2	支付设备维修费						
	3	购买（或租赁）厂房						
	4	折旧			年度末 六件事			( )
	5	市场开拓/ISO 资格认证	区域	国内				
			亚洲	国际				
			ISO9000	ISO14000				
	6	关账						

备注：1. 企业模拟经营记录表的各项任务是按系统软件的操作顺序列出的，是每个经营年必须执行的任务。请严格按照要求记录你系统软件的操作，以便查找自己与其他同学的差距和不足。

2. 每执行完一个任务，在对应的方格里做好记录（打"√"或"×"），如果能写出具体数字更好。这些数字就是你本年度的开支明细（括号里填写的数字除外），可谓一目了然，便于查找失误之处。

表 A-42　第五年广告费登记表

产品市场	P1	P2	P3	P4	合计
本地					
区域					
国内					
亚洲					
国际					
总计					

表 A-43　第五年原料入库记录表

时间	R1	R2	R3	R4	合计
1Q					
2Q					
3Q					
4Q					

表 A-44　第五年原料订单记录表

时间	R1	R2	R3	R4	合计
1Q					
2Q					
3Q					
4Q					

表 A-45　第五年产成品库存记录表

时间	P1	P2	P3	P4
1Q				
2Q				
3Q				
4Q				
合计				

表 A-46　第五年订单登记表

订单号											合计
市场											
产品											
数量											
账期											
销售额											
成本											
毛利											
未售											

表 A-47　第五年产品核算统计表

产品类型	P1	P2	P3	P4	合计
数量					
销售额					
成本					
毛利					

备注：如表格不够用，可以修改产品类型。例如没有 P1 产品订单，但 P2 产品订单却有 5 个，可以将"P1"改为"P2"，以此类推。

表 A-48　第五年综合费用表统计表

项目	金额	备注				
管理费						
广告费						
维修费						
租金						
转产费						
市场准入		□区域　□国内　□亚洲　□国际				
ISO 资格认证		□ISO9000　　□ISO14000				
产品研发		类别	1Q	2Q	3Q	4Q
		P2				
		P3				
		P4				
其他		变卖生产线残值大于净现值				
合计						

表 A-49　第六年企业模拟经营记录表

		第六年 企业模拟经营流程					
注意：请按下列顺序在计算机上进行操作，每执行完一项，总裁（CEO）在对应的方格内打钩，财务总监（助理）在方格内填写现金收支情况							
				1Q	2Q	3Q	4Q
年度初	1	支付应交税					
	2	制定广告方案		年度初 三件事			
	3	参加订单竞单					
本年度十件事	1	短期贷款/支付利息					
	2	更新应收款/更新应付款					
	3	接收并支付已订的货物					
	4	下原料订单		( )	( )	( )	( )
	5	产品研发投资	P2　P3　P4				
	6	更新生产/完工入库					
	7	购买或调整生产线	更新　转产				
			购买　变卖				
	8	开始新的生产					
	9	交货给客户					
	10	支付行政管理费					
年度末	1	长期贷款					
	2	支付设备维修费					
	3	购买（或租赁）厂房					
	4	折旧		年度末 六件事			( )
	5	市场开拓/ISO 资格认证	区域　国内				
			亚洲　国际				
			ISO9000　ISO14000				
	6	关账					

备注：1. 企业模拟经营记录表的各项任务是按系统软件的操作顺序列出的，是每个经营年必须执行的任务。请严格按照要求记录你系统软件的操作，以便查找自己与其他同学的差距和不足。

2. 每执行完一个任务，在对应的方格里做好记录（打"√"或"×"），如果能写出具体数字更好。这些数字就是你本年度的开支明细（括号里填写的数字除外），可谓一目了然，便于查找失误之处。

表 A-50　第六年广告费登记表

产品市场	P1	P2	P3	P4	合计
本地					
区域					
国内					
亚洲					
国际					
总计					

表 A-51　第六年原料入库表

时间	R1	R2	R3	R4	合计
1Q					
2Q					
3Q					
4Q					

表 A-52　第六年原料订单表

时间	R1	R2	R3	R4	合计
1Q					
2Q					
3Q					
4Q					

表 A-53　第六年产成品库存记录表

时间	P1	P2	P3	P4
1Q				
2Q				
3Q				
4Q				
合计				

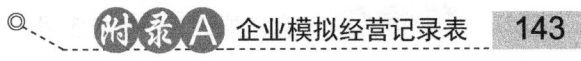

表 A-54　第六年订单登记表

订单号										合计
市场										
产品										
数量										
账期										
销售额										
成本										
毛利										
未售										

表 A-55　第六年产品核算统计表

产品类型	P1		P2		P3		P4		合计	
数量										
销售额										
成本										
毛利										

备注：如表格不够用，可以修改产品类型。例如没有 P1 产品订单，但 P2 产品订单却有 5 个，可以将 "P1" 改为 "P2"，以此类推。

表 A-56　第六年综合费用表统计表

项目	金额	备注				
管理费						
广告费						
维修费						
租金						
转产费						
市场准入		□区域　□国内　□亚洲　□国际				
ISO 资格认证		□ISO9000　　□ISO14000				
产品研发		类别	1Q	2Q	3Q	4Q
		P2				
		P3				
		P4				
其他		变卖生产线残值大于净现值				
合计						

表 A-57　第七年企业模拟经营记录表

第七年 企业模拟经营流程							
注意：请按下列顺序在计算机上进行操作，每执行完一项，总裁（CEO）在对应的方格内打钩，财务总监（助理）在方格内填写现金收支情况							
					1Q	2Q	3Q	4Q
年度初	1	支付应交税						
	2	制定广告方案			年度初　三件事			
	3	参加订单竞单			
本年度十件事	1	短期贷款/支付利息						
	2	更新应收款/更新应付款						
	3	接收并支付已订的货物						
	4	下原料订单			(　)	(　)	(　)	(　)
	5	产品研发投资	P2	P3	P4			
	6	更新生产/完工入库						
	7	购买或调整生产线	更新	转产				
			购买	变卖				
	8	开始新的生产						
	9	交货给客户						
	10	支付行政管理费						
年度末	1	长期贷款						
	2	支付设备维修费						
	3	购买（或租赁）厂房						
	4	折旧			年度末　六件事			(　)
	5	市场开拓/ISO 资格认证	区域	国内				
			亚洲	国际				
			ISO9000	ISO14000				
	6	关账						

备注：1. 企业模拟经营记录表的各项任务是按系统软件的操作顺序列出的，是每个经营年必须执行的任务。请严格按照要求记录你系统软件的操作，以便查找自己与其他同学的差距和不足。

2. 每执行完一个任务，在对应的方格里做好记录（打"√"或"×"），如果能写出具体数字更好。这些数字就是你本年度的开支明细（括号里填写的数字除外），可谓一目了然，便于查找失误之处。

表 A-58　第七年广告费登记表

产品市场	P1	P2	P3	P4	合计
本地					
区域					
国内					
亚洲					
国际					
总计					

表 A-59　第七年原料入库记录表

时间	R1	R2	R3	R4	合计
1Q					
2Q					
3Q					
4Q					

表 A-60　第七年原料订单记录表

时间	R1	R2	R3	R4	合计
1Q					
2Q					
3Q					
4Q					

表 A-61　第七年产成品库存记录表

时间	P1	P2	P3	P4
1Q				
2Q				
3Q				
4Q				
合计				

表 A-62 第七年订单登记表

订单号										合计
市场										
产品										
数量										
账期										
销售额										
成本										
毛利										
未售										

表 A-63 第七年产品核算统计表

产品类型	P1	P2	P3	P4	合计
数量					
销售额					
成本					
毛利					

备注：如表格不够用，可以修改产品类型。例如没有 P1 产品订单，但 P2 产品订单却有 5 个，可以将"P1"改为"P2"，以此类推。

表 A-64 第七年综合费用统计表

项目	金额	备注			
管理费					
广告费					
维修费					
租金					
转产费					
市场准入		□区域　□国内　□亚洲　□国际			
ISO 资格认证		□ISO9000　□ISO14000			
产品研发		类别	1Q	2Q	3Q	4Q
		P2				
		P3				
		P4				
其他		变卖生产线残值大于净现值			
合计					

表 A-65　第八年企业模拟经营记录表

第八年 企业模拟经营流程							
注意：请按下列顺序在计算机上进行操作，每执行完一项，总裁（CEO）在对应的方格内打钩，财务总监（助理）在方格内填写现金收支情况							
					1Q	2Q	3Q	4Q
年度初	1	支付应交税			年度初　三件事			
	2	制定广告方案						
	3	参加订单竞单						
本年度本十件事	1	短期贷款/支付利息						
	2	更新应收款/更新应付款						
	3	接收并支付已订的货物						
	4	下原料订单			(　)	(　)	(　)	(　)
	5	产品研发投资	P2	P3	P4			
	6	更新生产/完工入库						
	7	购买或调整生产线	更新	转产				
			购买	变卖				
	8	开始新的生产						
	9	交货给客户						
	10	支付行政管理费						
年度末	1	长期贷款			年度末　六件事			
	2	支付设备维修费						
	3	购买（或租赁）厂房						
	4	折旧						(　)
	5	市场开拓/ISO 资格认证	区域	国内				
			亚洲	国际				
			ISO9000	ISO14000				
	6	关账						

备注：1. 企业模拟经营记录表的各项任务是按系统软件的操作顺序列出的，是每个经营年必须执行的任务。请严格按照要求记录你系统软件的操作，以便查找自己与其他同学的差距和不足。

2. 每执行完一个任务，在对应的方格里做好记录（打"√"或"×"），如果能写出具体数字更好。这些数字就是你本年度的开支明细（括号里填写的数字除外），可谓一目了然，便于查找失误之处。

表 A-66 第八年广告费登记表

产品市场	P1	P2	P3	P4	合计
本地					
区域					
国内					
亚洲					
国际					
总计					

表 A-67 第八年原料入库记录表

时间	R1	R2	R3	R4	合计
1Q					
2Q					
3Q					
4Q					

表 A-68 第八年原料订单记录表

时间	R1	R2	R3	R4	合计
1Q					
2Q					
3Q					
4Q					

表 A-69 第八年产成品库存记录表

时间	P1	P2	P3	P4
1Q				
2Q				
3Q				
4Q				
合计				

表 A-70　第八年订单登记表

订单号											合计
市场											
产品											
数量											
账期											
销售额											
成本											
毛利											
未售											

表 A-71　第八年产品核算统计表

产品类型	P1	P2	P3	P4	合计
数量					
销售额					
成本					
毛利					

备注：如表格不够用，可以修改产品类型。例如没有 P1 产品订单，但 P2 产品订单却有 5 个，可以将"P1"改为"P2"，以此类推。

表 A-72　第八年综合费用统计表

项目	金额	备注				
管理费						
广告费						
维修费						
租金						
转产费						
市场准入		□区域　□国内　□亚洲　□国际				
ISO 资格认证		□ISO9000　　□ISO14000				
产品研发		类别	1Q	2Q	3Q	4Q
		P2				
		P3				
		P4				
其他		变卖生产线残值大于净现值				
合计						

附录 B

ERP 沙盘模拟经营实训手册

_____学院

ERP 沙盘模拟经营实训手册

20___ / 20___ 学年 第___ 学期

班级_____

姓名_____

学号_____

指导教师_____

实训起止时间：20___年___月___日—20___年___月___日

表 B-1　第一天上午实训日志记录表

实训时间		实训组别：第＿＿＿＿组		实训账号：	
实训项目				数据库 IP 地址：	

您的客户端是（请打钩）：A. 教师机　B. 学生机

A. 教师机客户端操作方法参考本书"1.3.1　教师机客户端操作"

B. 学生机客户端操作方法参考本书"1.3.2　学生机客户端操作"

本次实训主要操作内容（不少于30字）：

记录实训任务的关键要素（不少于30字）：

体会与感想（不少于40字）：	自我评定成绩（请打钩）：
	A　B　C　D
	组长评定成绩（请打钩）：
	A　B　C　D

出勤情况（请打钩）：A. 正常　B. 迟到　C. 事假　D. 旷课　E. 病假

课堂表现情况（请打钩）：A. 认真　B. 基本认真　C. 玩手机　D. 浏览其他网页　E. 人为拖延

表 B-2　第一天下午实训日志记录表

实训时间		实训组别：第_____组	实训账号：
实训项目			数据库 IP 地址：

您的客户端是（请打钩）：A．教师机　B．学生机

A．教师机客户端操作方法参考本书"1.3.1　教师机客户端操作"

B．学生机客户端操作方法参考本书"1.3.2　学生机客户端操作"

本次实训主要操作内容（不少于 30 字）：

记录实训任务的关键要素（不少于 30 字）：

体会与感想（不少于 40 字）：	自我评定成绩（请打钩）：
	A　B　C　D
	组长评定成绩（请打钩）：
	A　B　C　D

出勤情况（请打钩）：A．正常　　B．迟到　　C．事假　　D．旷课　　E．病假

课堂表现情况（请打钩）：A．认真　　B．基本认真　　C．玩手机　　D．浏览其他网页　　E．人为拖延

表 B-3　第二天上午实训日志记录表

实训时间		实训组别：第＿＿＿＿组	实训账号：
实训项目			数据库 IP 地址：

您的客户端是（请打钩）：A．教师机　　B．学生机

描述上机登录 ERP 沙盘模拟软件的基本流程：

本次实训主要操作内容及关键要素（不少于 50 字）：

体会与感想（不少于 50 字）：

本次你的软件分值：＿＿＿。小组中排名：第＿＿＿位。您与第一名差了＿＿＿＿＿分

本次自我感觉最成功之处：

本次自我感觉最失败之处：

下次努力方向（不少于 50 字）：	自我评定成绩（请打钩）： A　　B　　C　　D
	组长评定成绩（请打钩）： A　　B　　C　　D

出勤情况（请打钩）：A．正常　　B．迟到　　C．事假　　D．旷课　　E．病假

课堂表现情况（请打钩）：A．认真　　B．基本认真　　C．玩手机　　D．浏览其他网页　　E．人为拖延

表 B-4　第二天下午实训日志记录表

实训时间		实训组别：第＿＿＿＿组		实训账号：
实训项目			数据库 IP 地址：	
您的客户端是（请打钩）：A．教师机　B．学生机 描述上机登录 ERP 沙盘模拟软件的基本流程： 				
本次实训主要操作内容及关键要素（不少于 50 字）： 				
体会与感想（不少于 50 字）： 本次你的软件分值：＿＿＿。小组中排名：第＿＿＿位。您与第一名差了＿＿＿＿分 本次自我感觉最成功之处： 本次自我感觉最失败之处： 				
下次努力方向（不少于 50 字）：				自我评定成绩（请打钩）： A　B　C　D
^				组长评定成绩（请打钩）： A　B　C　D
出勤情况（请打钩）：A．正常　　B．迟到　　C．事假　　D．旷课　　E．病假 课堂表现情况（请打钩）：A．认真　B．基本认真　C．玩手机　D．浏览其他网页　E．人为拖延				

表 B-5　第三天上午实训日志记录表

实训时间		实训组别：第_____组		实训账号：	
实训项目				数据库 IP 地址：	

您的客户端是（请打钩）：A. 教师机　B. 学生机

描述上机登录 ERP 沙盘模拟软件的基本流程：

本次实训主要操作内容及关键要素（不少于 50 字）：

体会与感想（不少于 50 字）：

本次你的软件分值：____。小组中排名：第____位。您与第一名差了_____分

本次自我感觉最成功之处：

本次自我感觉最失败之处：

下次努力方向（不少于 50 字）：	自我评定成绩（请打钩）：
	A　B　C　D
	组长评定成绩（请打钩）：
	A　B　C　D

出勤情况（请打钩）：A. 正常　　B. 迟到　　C. 事假　　D. 旷课　　E. 病假

课堂表现情况（请打钩）：A. 认真　　B. 基本认真　　C. 玩手机　　D. 浏览其他网页　　E. 人为拖延

表 B-6　第三天下午实训日志记录表

实训时间		实训组别：第_____组	实训账号：
实训项目			数据库 IP 地址：

您的客户端是（请打钩）：A．教师机　B．学生机

描述上机登录 ERP 沙盘模拟软件的基本流程：

本次实训主要操作内容及关键要素（不少于 50 字）：

体会与感想（不少于 50 字）：

本次你的软件分值：____。小组中排名：第____位。您与第一名差了_____分

本次自我感觉最成功之处：

本次自我感觉最失败之处：

下次努力方向（不少于 50 字）：	自我评定成绩（请打钩）：
	A　B　C　D
	组长评定成绩（请打钩）：
	A　B　C　D

出勤情况（请打钩）：A．正常　　B．迟到　　C．事假　　D．旷课　　E．病假

课堂表现情况（请打钩）：A．认真　　B．基本认真　　C．玩手机　　D．浏览其他网页　　E．人为拖延

表 B-7　第四天上午实训日志记录表

实训时间		实训组别：第_____组	实训账号：
实训项目			数据库 IP 地址：

您的客户端是（请打钩）：A．教师机　B．学生机

描述上机登录 ERP 沙盘模拟软件的基本流程：

本次实训主要操作内容及关键要素（不少于 50 字）：

体会与感想（不少于 50 字）：

本次你的软件分值：____。小组中排名：第____位。您与第一名差了_____分

本次自我感觉最成功之处：

本次自我感觉最失败之处：

下次努力方向（不少于 50 字）：	自我评定成绩（请打钩）： A　B　C　D
	组长评定成绩（请打钩）： A　B　C　D

出勤情况（请打钩）：A．正常　　B．迟到　　C．事假　　D．旷课　　E．病假

课堂表现情况（请打钩）：A．认真　　B．基本认真　　C．玩手机　　D．浏览其他网页　　E．人为拖延

表 B-8　第四天下午实训日志记录表

实训时间		实训组别：第_____组	实训账号：
实训项目			数据库 IP 地址：

您的客户端是（请打钩）：A. 教师机　B. 学生机
描述上机登录 ERP 沙盘模拟软件的基本流程：

本次实训主要操作内容及关键要素（不少于 50 字）：

体会与感想（不少于 50 字）：
本次你的软件分值：____。小组中排名：第____位。您与第一名差了_____分
本次自我感觉最成功之处：
本次自我感觉最失败之处：

下次努力方向（不少于 50 字）：	自我评定成绩（请打钩）：
	A　B　C　D
	组长评定成绩（请打钩）：
	A　B　C　D
出勤情况（请打钩）：A. 正常　　B. 迟到　　C. 事假　　D. 旷课　　E. 病假	
课堂表现情况（请打钩）：A. 认真　B. 基本认真　C. 玩手机　D. 浏览其他网页　E. 人为拖延	

表 B-9 第五天上午实训日志记录表

实训时间		实训组别：第_____组	实训账号：
实训项目			数据库 IP 地址：

您的客户端是（请打钩）：A．教师机　B．学生机

描述上机登录 ERP 沙盘模拟软件的基本流程：

本次实训主要操作内容及关键要素（不少于 50 字）：

体会与感想（不少于 50 字）：

本次你的软件分值：____。小组中排名：第____位。您与第一名差了_____分

本次自我感觉最成功之处：

本次自我感觉最失败之处：

下次努力方向（不少于 50 字）：	自我评定成绩（请打钩）： A　B　C　D
	组长评定成绩（请打钩）： A　B　C　D

出勤情况（请打钩）：A．正常　　B．迟到　　C．事假　　D．旷课　　E．病假

课堂表现情况（请打钩）：A．认真　B．基本认真　C．玩手机　D．浏览其他网页　E．人为拖延

表 B-10　第五天下午实训日志记录表

实训时间		实训组别：第_____组	实训账号：
实训项目			数据库 IP 地址：

您的客户端是（请打钩）：A．教师机　B．学生机 描述上机登录 ERP 沙盘模拟软件的基本流程：
本次实训主要操作内容及关键要素（不少于 50 字）：
体会与感想（不少于 50 字）：   本次你的软件分值：____。小组中排名：第____位。您与第一名差了_____分   本次自我感觉最成功之处：   本次自我感觉最失败之处：

下次努力方向（不少于 50 字）：	自我评定成绩（请打钩）： A　B　C　D
	组长评定成绩（请打钩）： A　B　C　D
出勤情况（请打钩）：A．正常　　B．迟到　　C．事假　　D．旷课　　E．病假 课堂表现情况（请打钩）：A．认真　　B．基本认真　　C．玩手机　　D．浏览其他网页　　E．人为拖延	

表 B-11　实训考勤表现记录表

☺ 迟到○　旷课○　事假○ 公假○　病假○　优秀○	☺ 迟到○　旷课○　事假○ 公假○　病假○　优秀○
☺ 迟到○　旷课○　事假○ 公假○　病假○　优秀○	☺ 迟到○　旷课○　事假○ 公假○　病假○　优秀○
☺ 迟到○　旷课○　事假○ 公假○　病假○　优秀○	☺ 迟到○　旷课○　事假○ 公假○　病假○　优秀○
☺ 迟到○　旷课○　事假○ 公假○　病假○　优秀○	☺ 迟到○　旷课○　事假○ 公假○　病假○　优秀○
☺ 迟到○　旷课○　事假○ 公假○　病假○　优秀○	☺ 迟到○　旷课○　事假○ 公假○　病假○　优秀○
考勤成绩	实训表现成绩

表 B-12　实训心得信笺（1）

表 B-13　实训心得信笺（2）

表 B-14　实训心得信笺（3）

表 B-15　实训心得信笺（4）

表 B-16　实训心得信笺（5）

表 B-17　实训心得信笺（6）

表 B-18　实训心得信笺（7）

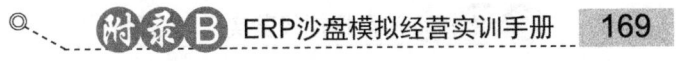

表 B-19　实训心得信笺（8）

表 B-20　实训总结报告

实训总结要求至少包含以下三点内容：1. 简略描述你 6~8 年模拟经营的基本策略；2. 重点阐述通过 ERP 企业沙盘模拟经营实训学到了哪些知识；3. 这些知识对你今后走上工作岗位有哪些帮助？

续表

续表

附录 C

企业经营沙盘模拟竞赛参考资料

1. 2018 年全国职业院校技能大赛拟设赛项规程（市场营销技能竞赛）

2. 企业经营管理沙盘模拟赛项竞赛指南（2016 年）

3. 2018 年浙江省高等职业院校技能大赛"鲜丰水果杯"市场营销技能竞赛规程

4. 浙江省营销技能竞赛参赛心得体会之一

5. 浙江省营销技能竞赛参赛心得体会之二

参 考 文 献

[1] 王新玲，柯明．ERP沙盘模拟学习指导书．北京：电子工业出版社，2005．

[2] 中教景程（北京）科技有限公司．模拟企业管理综合实训手册（上册）：沙盘对抗．北京：人民邮电出版社，2008．

[3] 刘平，王实．ERP沙盘模拟管理综合实训手册．北京：机械工业出版社，2010．

[4] 王新玲，郑文昭，马雪文．ERP沙盘模拟高级指导教程．北京：清华大学出版社，2009．

[5] 樊晓琪．ERP沙盘实训教程及比赛全攻略．北京：立信会计出版社，2009．

[6] 刘平．金蝶ERP沙盘实训手册——企业经营沙盘模拟实战对抗．北京：清华大学出版社，2011．

[7] 刘平．用友ERP企业经营沙盘模拟实训手册（第3版）．大连：东北财经大学出版社，2011．

[8] 张平．ERP理论、应用与实训教程．北京：经济管理出版社，2011．

[9] 袁航．ERP原理与实操教程．北京：原子能出版社，2013．

[10] 田春来．ERP沙盘模拟企业经营实训．青岛：中国海洋大学出版社，2014．

[11] 晏再庚．企业资源计划（ERP）教程．北京：机械工业出版社，2015．

[12] 何伟．电子商务企业经营沙盘模拟教程．北京：电子工业出版社，2017．